JN033502

トリアーデ
経済学
1

Triade

経済学ベーシック

［第2版］

笹山茂・米田耕士 編著

日本評論社

第2版のはしがき

〈トリアーデ経済学シリーズ〉の一つとして『経済学ベーシック』が刊行されたのは2014年のことでした。高等学校の「政治・経済」と大学の経済学との間の架け橋となることを明確に目指した経済学入門書は、当時としては珍しく、その嚆矢となったと自負しています。このコンセプトは広く受け入れられ、多くの読者に支えられて今日に至っています。

第2版は、第1版の基本的な特徴はそのままに、1年以上かけて、全体の見直しを行いました。第1章から第8章までの前半では、ミクロ経済学とマクロ経済学の主要な内容を平易な言葉で記述し、後半の第9章から第15章までは現代の経済学の理解に必須となっているゲーム理論の考え方を新たに取り入れています。法と経済学や行動経済学、マッチング理論（これは第1版から）を取り上げたのも新しい点です。最後に数学付録を設けて初学者の便宜を図っています。各章で登場する経済データ等は最新のものにアップデートされ、章末の読書案内も更新され、コラムも健在です。知的好奇心を刺激し、一層読みやすくなっています。

第1版の「はしがき」で述べられている経済学入門に対する思いは第2版においてもいささかも揺るぐことなく引き継がれています。核となる部分を以下に再掲します。これは当時の編集代表の細江守紀教授（現在熊本学園大学学長）によるものです。

〈トリアーデ経済学シリーズ〉は、主として大学初年次生に経済学の基本をわかりやすく理解してもらうための標準的テキストとして『経済学ベーシック』『ミクロ経済学入門』『マクロ経済学入門』の3部作からなっています。トリアーデとは三位一体というほどの意味で、3つのテキストが一体的に企画されているということを示すために冠されています。この企画の特徴は以下の3つの連携を重視するところにあります。

すなわち、大学の初年次生が最初に手にする経済学のテキストとしての『経済学ベーシック』は高等学校の「政治・経済」で学んだ内容との連携を重視し、

『経済学ベーシック』で学習したものがその後の基本科目のテキストとしての『ミクロ経済学入門』と『マクロ経済学入門』とに連携すること、そして『ミクロ経済学入門』と『マクロ経済学入門』がお互い別物ではなく、密接に連携して、執筆されている点が本企画の最大の特徴です。

　大学の初年次生が初めて経済学にふれたときのとまどいは、高等学校で学んだ「政治・経済」との隔たりです。「政治・経済」の暗記科目性と大学で学ぶ経済学の論理性との隔たりです。多くの大学の経済学部のかなりの学生が初年次に受講したミクロ経済学・マクロ経済学のわかりにくさがトラウマとなりミクロ・マクロ関連科目を避ける傾向があることが指摘されています。ここで企画した〈トリアーデ経済学シリーズ〉はそうした問題を解決するため、初年次のはじめのテキストとして『経済学ベーシック』を設定し、高等学校の「政治・経済」と経済学との連携、橋渡しをします。そのため、「政治・経済」で取り扱われているトピックス、あるいは高校生が関心をもっている事柄、そして現在、時事的に問題になっている事柄などを、章ごとに取り上げ、初年次生に関心を持たせ、単なる解説、知識の詰め込みではなく、自分で身近に考える力を身につけさせ、高等学校での取り組みと異なっていることを明確にします。

〈トリアーデ経済学シリーズ〉

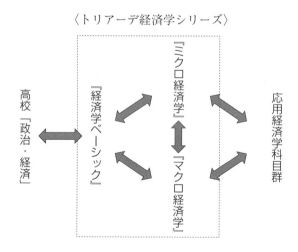

　第1版の「はしがき」の精神を受け継いだ第2版の章の内容を紹介します。第1章では大学で初めて本格的に経済学を学ぶ学生に対して、学び方のコツを伝授

します。第2章、第3章においてミクロ経済学とマクロ経済学の基本的な考えや概念などを学びます。第2章では市場の概念と家計と企業の基本原理が示されます。第3章ではマクロ経済学の基本であるGDP（国内総生産）に関した基礎を学びます。第4章では経済活動の潤滑油としてのお金の役割について学びます。第5章の財政と税では、日本の財政の現状と税制度の仕組みを学びます。第6章の公共経済では、市場経済にまかせておくと不都合が生じる場合を論じます。政府が存在する理由が明らかになります。第7章の国際貿易と為替では、リカードの比較優位理論を説明した上で、貿易のメリットや交易条件と為替レートの関係も明らかにされます。第8章では、近年の日本のデフレーションの現状を示すと同時に、インフレとデフレが発生するメカニズムを説明しています。

　第9章のゲーム理論では、お互いの行動が相互に影響を与え合う状況である「ゲーム」を経済・社会問題に適用し考察します。ナッシュ均衡や囚人のジレンマ等を具体的な例でわかりやすく説明します。第10章の法と経済学では、法というルールが人々の行動にどのような変化を与えるのか、その変化は社会全体にとって望ましいのかをゲーム理論のツールを使って具体的に分析します。第11章では日本の労働市場の現状をデータで確認した後、雇用量と賃金の決まり方を説明し、失業が発生する仕組みを明らかにします。第12章では、人々を豊かにするために環境も経済も守るような仕組みを考える環境経済学の立場から、様々な環境問題や排出量取引等を論じます。第13章では日本の少子高齢化の現状とそれに伴って発生する年金、人口、医療・介護、少子化、女性の社会進出等の問題が議論されます。第14章の恋愛の経済学では、カップル成立の例を用いてマッチング理論をわかりやすく説明しています。なお、第1版時、本章の内容が某大学の入試問題に使用されたことを紹介しておきましょう。第15章の行動経済学では、必ずしも合理的でない消費者や企業を前提として現実の経済現象を説明しようとします。プロスペクト理論や心理学からの発見的手法等の考え方を紹介します。最後の数学付録では、経済学における記号の使い方に始まり、一次関数の説明や様々なグラフの意味と活用の仕方を説明します。

　各章ではそれぞれの項目ごとに学びのポイントが枠で囲まれています。これも第2版の新しい試みですが、内容把握のまとめとして利用してください。本書は15章からなっており、半期15回分の講義をカバーするように作られています。経済学入門のエッセンスだけを学ぶ場合は、第1章から第8章までを使用すればよ

いでしょう。経済学の基礎をすでに学んでいる場合は、第9章から始めることも可能でしょう。それぞれの読者および大学の実情に応じて活用してください。

　第2版の作成は熊本学園大学経済学部の当該授業担当者のグループによってコロナ禍の中、オンラインでのディスカッションも含めて、幾多の議論を経て執筆されました。章の構成から始まり、各章の内容はすべての執筆者によるグループワークの結果生み出されたことで、全体として統一されたテキストが出来上がりました。

　最後になりますが、企画、校正などにおいて一方ならぬお世話になりました日本評論社第2編集部の斎藤博氏に深く感謝いたします。

令和3（2021）年3月

編者を代表して　笹山茂

目　次

第1章 経済学とはなにか

1.1 はじめて経済学を学ぶみなさんへ

　あなたの身の回りはすべて経済であり、経済学の対象です。街の様子、広告、看板、お店等をよく観察してみましょう。経済の素材がゴロゴロ転がっています。例えば、アルバイト募集の広告を見ると、「時給〜円」と書いてあります。この金額は適当に書いてあるのではありません。最低賃金法という法律で各都道府県ごとに最低賃金が決まっているのです。これは正社員、非正規社員、アルバイトすべてに適用されます。あなたが住んでいる県の最低賃金を調べてみましょう。都道府県によってかなりの差があることに驚くかもしれません。また、あなたの街にある会社はほとんどが「〜株式会社」と表示してあることでしょう。それらの会社は株式市場に上場しているでしょうか。上場企業とはお金さえあれば誰でもその会社の株を買うことができる会社のことです。有名企業でも上場していない会社は結構あります。あなたの県で上場している企業は何社あるでしょうか。これも調べることができます。意外に少ないことに気づくはずです。ついでにあなたの街にどのような企業が創業、あるいは進出しているかをぜひ調べてください。創業数百年という老舗であったり、全国的、あるいは世界的に有名な企業が創業しているかもしれません。

　身の回りだけですべてをカバーすることはできません。世の中のこと、日本のこと、世界のことを自分だけでは体験できません。自分で見聞きできないことは、新聞を読もう。テレビを見よう、インターネットを活用しましょう。要するに、全部経済学の勉強になるのです。ただ、実際、自分の目や耳、鼻で体験した方が身につくことは間違いありません。自由がきく学生のうち、できたら、海外研修や留学などで積極的に外へ出ることにもチャレンジしてみましょう。「百聞は一

見に如かず」という諺がありますが、まさしく至言です。

■経済学、学びのコツ

　経済学の学びにはちょっとしたコツがあります。前述したように毎日、新聞に目を通すことは、経済を学ぶ上で最も基本的なことの1つです。世の中の動きを知ることが大切です。新聞を読むというと全部読まなければならないと思う人がいるかも知れませんが、全部読む人などいません。自分の好きなところだけ読めば結構です。そこに経済欄を含めてください。新聞はどれでも結構ですが、経済記事が多いのは日本経済新聞です。それに加えて地元の新聞を読めば「鬼に金棒」です。大学の図書館には全国の主な新聞はほとんど入っているので、講義の合間に訪ねてください。最近では新聞の電子版が充実しています。電子版の特徴はデータベース化されていることです。今日の新聞だけでなく、過去数十年にも渡って、過去の記事を検索できるのが強みです。図書館からだけでなく、パソコン室からもアクセスできます。

　2つ目のコツは基本的な経済統計に慣れ親しむことです。わたしはよく入学したての学生に「日本の実質GDPはおよそいくらでしょうか？」という問いかけをします。知っていた学生がいたら、その学生は素晴らしい。多くの学生は知らないので、「財布の中に入っている最も大きな硬貨」というヒントを出します。これでほとんどの学生は記憶に残ります。GDP500兆円はすべての統計の基本になるものです。経済ニュースには大きな数値が登場しますが、GDP500兆円を知っていると、その数値がどの程度のものであるかが相対化でき、理解が進むのです。次に、「毎年7％で成長すると、10年たてば最初の値は2倍になる」というのも知っていると便利です。この"法則"は経済をやっている人なら誰にとっても周知のことです。その他、新聞やニュースには次のような代表的な経済統計やデータが頻繁に登場します。完全失業率、有効求人倍率、日経平均株価、円相場、消費者物価指数、企業物価指数、日銀短観、無担保コール翌日物金利、経常収支などです。これらの用語はこのテキストでも登場します。普段から、ニュースなどで何度も聴いていると自然に頭に入ってくることでしょう。普段の会話の中に経済データを散りばめると不思議と経済がわかるようになってくるのです。

　3つ目のコツは、ノートの取り方を工夫することです。大学での多くの講義は今ではパワーポイントを使って進めるのが標準になっています。そのパワーポイ

ントを公開している先生も多いです。さらに講義動画が公開されている場合もあります。学生の学びも大変楽になったものです。パワーポイントがあるので、最近は自分でノートを作る学生が減っているのが気になるところです。どんなに便利な時代になっても自分の頭と手を使って、自分だけの講義ノートを作ることは絶対必要なことです。講義を聴いて自分の脳を通して理解した内容を自分の言葉で整理することが重要なのです。このプロセスを経ることで経済学の理解が進むのです。ノートに、需要曲線や供給曲線、45度線図、IS-LM曲線などを大きく描くことで、それぞれの線の意味がよくわかってくるのです。経済学にはたくさんの図が登場します。それらは経済の理論や分析をわかりやすく説明するために先達たちが工夫して完成させてきたいわば遺産です。講義やテキストで図の描き方を一通り学んだ後は、何も見ないで、図を描く練習を繰り返し行ってください。確実に身に付くことを請け合います。

　最後のコツは、経済は暗記科目という呪縛からあなた自身を解き放ってください。おそらく、高校までは社会科の科目は俗に「暗記科目」ととらえていたのではないでしょうか。大学から学ぶ経済学はそうではありません。論理的、理論的に考える訓練を積む科目です。もちろん最小限、知っていることは必要ですが、知っていることが偉いのではなく、考えることが大切なのです。しかも論理的に思考することです。そのために若干の数学を使うこともあります。高名な経済学者サムエルソンは「数学も言葉である」と説きました[1]。経済学ベーシックで使う数学は基本的なものばかりですので、根気よく付き合ってください。次第に面白さがわかってくると思います。巻末の数学付録もぜひ読んでください。

ポイント

● 身の回りには経済学の"素"で溢れている。貪欲に吸収しよう。そのためには観察力を高めよう。学びのコツを体得しよう。

1）Samuelson, P. A.（1983）, *Foundations of Economic Analysis: Enlarged Edition*, Harvard University Press.

1.2 ミクロとマクロの眼

経済学の分析手法は「ミクロ経済学（microeconomics）」と「マクロ経済学（macroeconomics）」の2つから成っています。経済的な事象はこのどちらかの見方で理解することができます。ミクロ経済学の「ミクロ」とは「マイクロ」とも言いますが、以前は微視的と訳していたこともありました。ミクロ経済学は、経済を構成する主要な主体である家計（消費者）や企業の行動原理を解き明かすことを目的とします。家計であれば、所得の制約の下で効用を最大化することにより様々な財の需要量を決定するととらえます。ここで、効用（utility）という言葉を使いましたが、これも経済学独特の用語で、財を消費することから得られる満足度のことです。詳しくは第2章で説明します。企業は利潤を最大化するように労働や資本などの生産要素を雇用するととらえます。

■ミクロの視点

ミクロ経済学の視点では個々の市場での価格の役割が重視されます。価格があることで、人々へのモノの配分がうまくいくのです。価格による最適な資源配分が達成されると言います。価格があれば、必要な人だけがお金を払ってそのモノやサービスを購入します。価格があることで不必要な人の需要をブロックしてむだを省くことになるのです。価格メカニズムを上手に活用した例をいくつか紹介しましょう。今では日本全国ほとんどの地域でごみ収集は決まった有料のビニール袋で出すことになっています。これによって家庭から余分なゴミを排出させないようにしています。アメリカのサンフランシスコでは市内の交通混雑を避けるために郊外から Golden Gate Bridge へ入るときだけに料金を徴収します。ホテルや旅館の宿泊料金は旅行シーズンには価格が上昇しますが、閑散な時期には低下します。ある量販店は、マスク不足の時期に買い占めを防ぐために次のような価格設定をしました。「1点目まで298円、2点目以降は9999円になります。」SNS で多くの"いいね"を獲得しました[2]。

2）『日本経済新聞』2020年4月30日朝刊、コロナと資本主義（2）

■マクロの視点

　それに対してマクロ経済学のマクロは巨視的という訳語が与えられることもあるように、経済全体を大きく、鳥の眼（鳥瞰図）になって把握しようとする分析手法です。マクロ経済学では GDP（国内総生産）が最も基本的な概念になります。GDP は一国経済が 1 年間に国内で生産した財・サービスの粗付加価値の合計額です。この一文には実は深い意味が込められているのですが、詳細は第 3 章に譲ります。大まかに言えば、GDP とは経済が 1 年間にどれだけの経済価値を生み出したかという値です。GDP を比較すれば、各国の経済規模がわかります。GDP だけでその国の豊かさを測ることはできませんが、GDP を人口でわった 1 人当たり GDP を計算すると、おおよその豊かさを知ることはできます。ちなみに 1 人当たり GDP が最も高い国はどこか知っていますか？　ルクセンブルクです。

　マクロ経済学の守備範囲は、一国経済に関わることなので、景気の良し悪しや、政府による財政政策や日本銀行による金融政策の効果などが代表的です。金融政策では最近ではゼロ金利やマイナス金利まで登場しました。ミクロ経済学では単一の市場で決まる価格を扱いますが、マクロ経済学では全体を集計した消費者物価や企業物価指数を対象にします。インフレーションやデフレーションの原因や対策を考えます。消費税増税で我々の暮らしにどのような影響があるかを分析するのはマクロ経済学の視点です。

■マクロ経済学のミクロ的基礎付け

　「木を見て森を見ず」という諺がありますが、ミクロとマクロについていうならば「木を見て森も見る」というように修正されるでしょう。森を構成しているのは 1 本 1 本の木（き）ですが、ミクロ経済学とマクロ経済学についても似たような関係があります。従来はマクロ経済学は、ミクロ経済学とは別個に議論されることが多かったのですが、最近ではマクロ経済学の議論をするときは、その背後にある消費者や企業のミクロ経済学の行動原理を踏まえるべきだという考え方が広く行き渡るようになりました。このことを「マクロ経済学のミクロ的基礎付け」（microfoundations of macroeconomics）と呼んでいます。例えば、ケインズ経済学の消費関数では、実際のデータから所得と消費には右上がりの関係が観察されるので、消費は所得の関数になると設定していました。ミクロ経済学の基礎

付けでは、消費者の予算制約の下で効用を最大化した結果得られた消費関数に基づいて、マクロの消費関数も導出すべきだという議論になります。マクロ経済学で登場する関係式があったら、その背後にどのようなミクロ経済学の基礎があるのかということに注意を払ってください。

　ただし、個々の消費者が良かれと思ってとった行動が、マクロ経済全体に及ぶと逆の結果をもたらしてしまうという「合成の誤謬」（fallacy of composition）という有名な事象があることも知ってください。例えば、貯蓄は良いことだというので、すべての国民が貯蓄に励んでしまうと、経済全体として消費が大幅に減ってしまい、却ってGDPが低下してしまうことが起こりえます。

ポイント

●ミクロの眼とマクロの視点で世の中の経済を分析してみよう。

1.3　希少性とインセンティブ

　私たちは資源や財・サービスの希少性のために生産、分配、消費という経済の基本問題に直面します。これはどのような経済においても直面する問題です。私たちの経済では市場経済という仕組みで問題に対処しています。

　希少性の制約をいかに緩めるか、それは経済発展に影響します。その経済の発展は、活動する人々が経済活動に対するインセンティブを持つことができるかに関わっています。この節では、希少性とインセンティブについて説明します。

■希少性

　2020年4月私たちは、新型コロナウィルス問題のためにマスクが薬局、コンビニなどで売り切れて手に入れることができないという事態を経験しました。これはマスクが希少であることの例証に他なりません。

　希少性とは、資源やそれによって生産される有用なモノの利用可能量が人々の必要性を満たすほどには十分にない状態をさし、このようなモノを**経済財**（あるいは希少財）といいます。経済財には、**財**と**サービス**があります。財は私たちにとって有用な「有形なモノ」を、サービスは有用で「無形なモノ」です。財はコ

ンビニやスーパーなどで購入するもので、第1次、第2次産業の農産物や工業製品になります。サービスは買い手に向けてなされる何らかの活動を指し、楽しさを与える遊園地などの娯楽サービス、生活を便利にする運輸サービスや介護サービスなど、これらは一般に第3次産業の生産物になります。

　経済財である財・サービスは十分にないからこそ、売買の対象になって価格が付きます。希少性の程度が強いほど価格は高くなります。例えば、ダイヤモンドがそうです。ダイヤモンドは、その審美的で人々を魅了する美しさは装飾品として用いられますが、希少性の程度が極めて強いので、価格は高くなります。

　ところが、非常に有用で私たちにとって重要なモノ、けれども欲する以上にたくさんの量があって取引されないモノがあります。それは空気です。空気は、人だけでなく他の生物にとっても必要不可欠なものですが、希少でないために価格もつかず、取引されません。このような財を**自由財**といいます。

　財やサービスは生産によって生み出されます。生産に用いられる資源は、人、**資本**、**土地**などがあります。人は生産活動にとって欠くことのできない存在で、**人的資本**とも呼ばれます。建物や工場、機械などは、過去に生産されたもので財やサービスを生み出すために長きにわたって繰り返し利用されるもの、つまり「道具」として使われるもので、資本と呼ばれます。資本は人による生産活動を補完し、代替することで効率性の高い生産を可能にします。土地は生産活動の場を提供します。活動の場の違いは生産活動そのもの、またはその効率性に大きく影響を与えます。ビール工場は大消費地の近くに立地したり、観光地では展望の良いところにホテルや旅館が立ち並ぶように、企業にとってはどこに立地することが望ましいかというような立地問題が発生します。

ポイント

●資源は希少であり、これを用いて生産される財・サービスもまた希少である。生産に必要な資源には人的資本、資本、土地がある。

■経済の基本問題と市場

　私たち身の回りにあるほとんどの財・サービスはどれも希少です。どのような財をどれだけ生産し、どのように配分、消費したらよいのでしょうか。これは**経**

済の基本問題とも呼ばれ、人間社会が直面する基本的な問題です。もし必要な財・サービスが配給制度によって割り当てられ、あなたにはこれだけですと渡されたら、満足できますか。おそらく多すぎたり、足りなかったりして不満が残るでしょう。幸いにも私たちの経済ではコンビニやスーパー、さらにはネットを通して必要なモノ・好きなモノを手にすることができます。企業はコンビニやスーパー全体での販売量の集計によってどのような財がどれだけ売れたのかを知ることができ、生産すべき量を決めることができます。生産物の配分は私たちが買い物をすることと同時に誰が財・サービスを手にするのか解決されます。

　同じ品物の取引の全体を抽象的に**市場**と呼び、私たちがコンビニなどでする買い物は市場での取引の一部を構成します。株式市場や外国為替市場、ネットでの買い物（電子商取引）のほか、大学4年生の就職活動と内定を出す企業との間での求職・求人活動全体を指して「大学新卒の労働市場」などがあります。市場には取引・交換する場がある場合もあります。魚市場とか青果市場などの卸売市場では売り手と買い手が一堂に会して魚や野菜を競りによって取引・交換します。

　市場を介することで財・サービスの生産、生産物の配分、消費の問題が解決される経済を**市場経済**といいます。市場経済の特徴は、市場に参加する者は自由に自らの意思で取引することができることです。私たちは市場経済のなかで家計として予算の範囲で自らが望む量を必要なだけ市場を通して購入することができ、企業はそれ自身にとって好都合な数量を生産し供給することができます。その結果、市場は無駄のない効率的な経済をもたらします[3]。

ポイント

- ●希少性があるからこそ、経済の基本問題が発生する。その問題により良く対処する経済システムとして市場経済がある。

■インセンティブ

　インセンティブは誘因とか動機付けと訳されますが、人々の経済活動への積極的なかかわりを生み出す重要な概念です。

3）市場経済はすべて良いのではなく、競争の結果、経済的格差が生じるなど経済主体間の公平性の問題が生じます。その是正のために第3の経済主体として政府の役割が求められます。

　例えば、高校球児が厳しい練習に耐えて上手くなろうと頑張れるのは、「甲子園に出る」、あるいは「優勝したい」という目標があり、目標に向けてのインセンティブがあるからです。

　巨大企業 Amazon や Google を知らない者はいないでしょう。かつてベンチャービジネスとして起業され、その歴史は25年ほどしかありません。ベンチャービジネスとは革新性、創造性をもって新たに市場を開拓する企業をいいます。日本においてもベンチャービジネスは年間数万件の起業ともいわれています。ベンチャーエンタープライズセンターの『2018ベンチャー白書』（2018年）のアンケート調査によると、起業の動機（主因）として「自分のアイデアや知識・技術を生かしたい」が6割、反対されたにもかかわらず起業した理由として「自分の夢や思いを実現したかった」が6割強です。こうした夢や思いに向かっての強いインセンティブが起業に繰りたて、その中から新しい時代を切り開くような企業がやがては経済をリードしたりするのです。

　身近なところで企業の営業職では、販売成果による報酬が基本給のほかに支払われます。現在では一般職であっても、成果報酬が導入されているところもあります。これは、成果が上がるほど給与が上がる仕組みで、仕事に対するやる気を引き出すインセンティブに他ならず、企業の発展・成長につながるのです。

　インセンティブの有無は経済の基本問題に対処するうえでも重要な要因です。市場経済が他の制度（配給、独裁、中央計画、社会主義など）より優れている点は、**経済主体**[4]が経済活動を自らの意思で自由に決定できることにあります。市場では、家計では自らの**効用**（消費からの満足度）を最大にするように財・サービスの消費を決定するという効用最大化原理に従います[5]。企業は**利潤**（収入から費用を引いた額）を最大にするという利潤最大化原理に従います。250年ほど前のイギリス古典派経済学の父と呼ばれるアダムスミスは、『国富論』のなかで個々人による自らの利益を追求することは社会全体の利益にもなることを述べています。経済主体にとって効用最大化原理、利潤最大化原理はそれぞれの利益を求めてのインセンティブとして働き、全体として経済を発展させる源になっています。個々人へのインセンティブが効かなかった旧社会主義諸国（現在のロシア、

4）経済主体とは何らかの形で収入を得て支出をおこなう者をさす。市場経済では経済主体として、家計（消費者）、企業（生産者）、政府などが挙げられる。
5）家計が効用最大化原理に従う理由については第2章で説明されます。

東欧諸国）は経済が低迷し、30年ほど前、政治体制の変化のもと市場経済に転換しています。

　インセンティブは経済のさまざまな場面で求められると同時に、経済制度そのものの選択にも大きく影響する重要な要因です。

ポイント

●インセンティブは、企業や家計などの経済活動の原動力である。

1.4　ゲーム理論の発想と経済

　ゲーム理論は数学者ノイマンと経済学者モルゲンシュテルンによって著書『ゲームの理論と経済行動』として著わされ、その後、多くの研究者によって発展してきました。ゲーム理論が対象とするのは複数の主体間の相互的依存状況の下での意思決定です。主体間の相互的依存状況とは、相手の行動は自らの行動の決定に影響し、逆に自らの行動が相手の行動決定に影響することを言います。この主体間の相互的依存状況を**ゲーム的状況**ともいいます。わたしたちは社会生活のいろんな場面で遭遇します。ゲーム的状況は、人間社会に限られたものではなく、生物の世界でも見られます。これを対象として分析、研究する政治学、社会学、生物学、コンピューター・サイエンスなどの分野でもゲーム理論は応用され、独自に発展しています。

　ゲームといえば、いろんなゲームがあります。例えばトランプでは、相手がスペードの札を出すか、ハートの札を出すかによって、自分の出す札が変わり、その度に優勢あるいは劣勢になるかが決まります。相手がとる行動と自らがとる行動が相互に影響しあう状況、つまりゲーム的状況です。

　このようなゲーム的状況は日常生活に多々見られます。例えば、友人との待ち合わせで友人はいつも30分遅れて来るとしたら、あなたはどうしますか。30分待たなくていいように、次には、行動の選択肢として「時間通り」ではなく自らも「30分遅れて来る」ことを考えるかもしれません。こうして友人のいつもの行動があなたのとる行動に影響を及ぼします。逆に、いつも遅れて来る友人が、30分待たせてすまないと思い、次の待ち合わせでは「30分遅れ」ではなく「時間通

り」に来ることを考えるかもしれません。待ち合わせ一つとっても、あなたと友人の行動が相互に影響するというゲーム的状況があります。

　私たちの経済では、普段見かける乗用車のメーカーを数え上げると、10にもなりません。また、洗剤を生産するメーカーの数も数え上げるほどしかありません。このように企業の数が数社である競争形態を**寡占**といい、ごく普通に見られる形態です。例えば、

① 　観光地で本家を名乗りあう特産品の店舗間の競争

② 　携帯電話の携帯キャリア間の競争

③ 　国内航空業界の競争

もそうです。

　寡占では、ライバル企業同士が互いに相手企業の存在を認知していて、相手企業がどのような生産、販売戦略をとるかを分析し、それをもとに自企業の行動を決定します。まさに企業間の関係はゲーム的状況です。このような状況はゲーム理論によって最もよく説明されます。ライバルを相互に認知できる状況のもとでは、互いに競争するだけではありません。競争による経営上の消耗を避けて、産業全体としての利益を求めて協力することもあります。これらは、ライバル企業間の協力関係がない非協力ゲーム、互いに協力する協力ゲームとして分析されます。ゲーム理論それ自体は複数の主体間の相互的状況のもとでの意思決定の方法論であって、経済学の専売特許ではありませんが、経済を分析するうえで非常に有効な理論です。現代の経済分析ではよく用いられます。本書第9章では「ゲーム理論」の初歩が紹介され、応用として第10章「法と経済学」では法的な取り決めの必要性がゲーム理論から説明されます。続編の『ミクロ経済学入門』の第7章では「寡占とゲーム理論」として詳しく説明されます。

ポイント

●ゲーム的状況は私たちの身の回りに溢れている。だからこそゲーム理論を学ぶ意義がある。

【読書案内】

小島寛之（2009）『使える！経済学の考え方—みんなをより幸せにするための論理』（ち

くま新書）筑摩書房

みなさんが一通り経済学を学んでしまった後に、読むのがいいかもしれません。講義では普段ふれることの少ない「幸福」、「公正」、「自由」、「平等」、「正義」について、経済学はどのように考えるのかを知ることができます。読み応えがありますが、これによって経済学はたんに「お金」の学問ではなく、人々を幸せにする学問であることが理解できると思います。

第 2 章

市場の効率性

　ミクロ経済学のもっとも基本的な内容の、市場と市場における需要曲線、供給曲線、それから導かれる市場均衡とその効率性について説明します。

　高校の政治経済の教科書では、「市場」における**需要曲線**は右下がりで、**供給曲線**は右上がりであることを学びました。これら曲線の背後には市場に参加する消費者や生産者の合理的行動があります。①消費者や生産者は、それぞれ効用最大化、利潤最大化[1]の行動原理にもとづいて行動し、その結果が市場の需要曲線、供給曲線となることを明らかにします。②市場では、財が取引される均衡価格、均衡数量の決定を確認したのち、資源配分の観点から競争的市場が望ましいことを学びます。③しかし、競争的市場は万能ではありません。効率的な資源配分に失敗するケース（不完全競争、外部性、公共財の存在、情報の非対称性など）があります。本章ではミクロ経済学の初歩として①②を学びます。③については、ミクロ経済学あるいは個別の専門科目として学んでください。

2.1　市場での取引：市場均衡

　ここでは高校の政治経済で学ぶ競争的市場での市場均衡の復習として、市場と競争に簡単に触れ、市場均衡を再確認します。

■市場と競争

　市場というと、「魚市場」や「青果市場」で競売人が買い手の競り人に値を示し、競り人が競り合う光景を思い浮かべるでしょう。売り手の1つの品物に複数

1）効用最大化は消費からの満足度（効用）を最大にすること、利潤最大化は、生産から収入と費用の差である利潤を最大にすることです。

の買い手が購入の意思を示せば、競り値は引き上げられて最後の1人になるとき売買が成立します。競り落とす人は思惑通りの価格で決めることができるとは限りません。

　一般に参加者が多いほど特定の参加者による価格決定への影響は少なくなります。すべての参加者は市場への影響力を持たず、市場で形成される価格をそのまま受け入れる状態があります。このとき売り手や買い手は**プライステイカー**であるといい、これは**完全競争**の下で可能になります。完全競争は「競争的」または「競争が良く行われている」ことの理想型です。その条件は

① 参加者の多数性：市場への参加者（売り手、買い手）が多数である、

② 財の同質性：財・サービスは売り手の間で区別がなく同質である、

③ 情報の完全性：財・サービスの価格や質に関して参加者は等しく情報を共有している

④ 参入・退出の自由：市場への参入と市場からの退出が自由である

です。これらの条件が満たされないと、一部の売り手や買い手によって意図的に価格が歪められ、一部の人だけが得をして、市場から見た参加者全体の利益が損なわれます。完全競争の条件が満たされることは、一人ひとりの買い手や売り手は市場で取引される価格に影響力を及ぼすことなく、価格は参加者間の競争を通して形成され、その結果、市場参加者全体の利益が最大になるのです。なお、条件②のもとでは、同じ場所で同質の商品取引で異なる価格が付くならば、必ず売り手と買い手は互いに有利な方の価格で取引しようとするでしょう。その結果、同じ価格に落ち着きます。これが**一物一価の法則**です。

　現実の経済に完全競争市場を見出すことができるのでしょうか。完全競争市場はありませんが、これに近い市場として外国為替市場、株式市場などがあります。完全競争の条件が満たされずに競争が制限される状態を不完全競争といいます。第1章の説明にある寡占は不完全競争の一形態です。以下では完全競争下の市場を検討します。

■需要と供給

　高校の「政治経済」では、市場では需要曲線は右下がり（**需要法則**）、供給曲線は右上がり（**供給法則**）になること、その交点が市場均衡であることを学びました。はじめにこの市場均衡を簡単に確認します。需要とは買い手が購買力にも

図2-1　市場と市場均衡

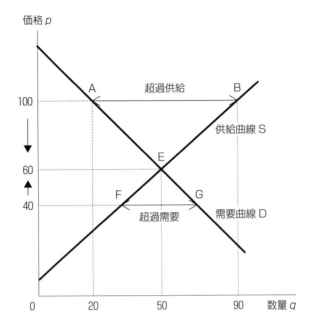

とづいて購入する数量、供給は売り手が販売しようとする数量を指します。市場の図では、経済学の決まりごととして縦軸に価格、横軸に数量を取ります（図2-1）。需要量と供給量は縦軸の価格を起点にしてとらえます。例えば、縦軸の100が価格を表し、これから水平線を引くと点Aで需要曲線に当たります。縦軸から点Aまでの長さが価格100のときの需要量になります。需要量の大きさは点Aから下へ垂線を引くと横軸の20にあたります。よって価格100のとき需要量が20であることがわかります。同様にして価格100のとき、供給量の確認ができます。点Aからさらに水平線を伸ばすと供給曲線上の点Bにあたります。縦軸から点Bまでの長さが価格100のときの供給量になります。その大きさは点Bから横軸に垂線を下すことで数値90を読み取ることができます。よって価格100のとき供給量は90になります。

　なお、アルファベットで需要曲線はD、供給曲線はS、均衡点をE、価格をp、数量をqと表します。

ポイント

1. 市場の図では、縦軸に価格、横軸に需要量、供給量をとる。
2. 需要量は縦軸の価格から需要曲線までの長さ、供給量は縦軸の価格から
   供給曲線までの長さ、その大きさは横軸の値で読み取る。

■市場均衡

　図2−1の需要曲線と供給曲線は点Eで交わり、価格が60で需要量と供給量が
ともに50です。需要量は買い手が望む数量で、供給量は売り手が望む数量です。
これらが等しいので取引がなされます。この需要量と供給量が等しくなる状態を
市場均衡といい、価格60を**均衡価格**、数量50を**均衡数量**（均衡取引量）といいま
す。点Eを均衡点（市場均衡点）といいます。

　では均衡価格以外では取引がなされないのでしょうか。例えば価格100のとき
を考えてみましょう。このときには需要量は20で、供給量は90です。取引しよう
とすると、供給量が需要量を70だけ超過し、その数だけ売れ残ります。この状態
を**超過供給**といいます。完全競争では1人の売り手は価格へ影響を及ぼすことは
できませんが、すべての売り手が売れ残りを避けるために一斉に安い価格で売ろ
うとすると、価格が下落します。価格が下落することで需要量は増加し供給量が
減少します。その結果、超過供給の状態が次第に緩和されます。超過供給が続く
限り価格が下落し（図2−1の縦軸の下向きの矢印）、やがて需要量と供給量が一
致する価格に落ち着きます。

　逆に価格40の状態では、需要量が供給量を超過しています。この状態を**超過需
要**といいます。価格40で取引しようとすると、買い手の一部は財を購入すること
ができません。このため買い手が確実に商品を手に入れようとして、競って少し
でも高い価格で購入しようとする結果、価格は上昇します。超過需要がある限り
価格は上昇し（図2−1の縦軸の上向きの矢印）、やがて需要量と供給量が一致す
る価格に落ち着きます。よって需要量と供給量が一致する価格（均衡価格）で取
引がなされます。以上のように、価格を通して需要と供給が一致するように調整
されることを**市場メカニズム**と学びました。

ポイント

> 1. 市場均衡とは需要量と供給量が等しい状態である。
> 2. 市場メカニズムによって取引は市場均衡でなされる。

2.2　家計の需要

　なぜ需要曲線は右下がりなのでしょうか。この節では家計の消費行動から理由を探ります。同時に消費からの満足度としての効用や限界効用、取引から生じる家計にとっての利益である消費者余剰について説明します。

■効用と限界効用

　私たちは、生活、娯楽、生きるためにいろんな財・サービスを消費します。何を消費するかは、人それぞれの財に対する欲求に依ります。私たちは財・サービスを消費することで欲求を満たし満足します。経済学では消費による満足感の程度を**効用**といいます。一般に消費が増えると満足感の程度である効用も増えます。

　一般に財・サービスの消費から得られる満足感は同じ財1単位でも、それまでに消費した量によって異なります。例えば、ケーキの好きな人Aさんにとって最初の1個目のケーキは非常に美味しく感じるでしょう。次から次へとケーキを食べると、さらに食べたいという欲求は次第に満たされるために、感じる美味しさも次第に小さくなります。次の1単位目の消費から得られる満足度を**限界効用**といいます。ケーキの限界効用は食べるケーキの数が増えるにつれて減少します。

　　　　1単位目のMU＞2単位目のMU＞3単位目のMU＞4単位目のMU……

簡潔に説明するために限界効用のことをMUと表示することがあります。この関係を**図2-2a**のように図示することができます。横軸にケーキの数、縦軸に限界効用をとって、1単位目の消費からの限界効用を棒グラフとして示します。1個目のMUは大きいので、棒グラフも長くなります。2単位目のMUは1単位目のMUより小さいので、1単位目のMUより短い棒グラフになります。同じようにして2単位目以降の限界効用を描くと図2-2aのようにケーキの消費量に対応する限界効用の図になります。

図2-2a　ケーキの限界効用

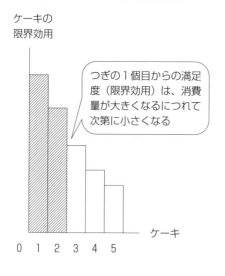

ケーキの
限界効用

つぎの1個目からの満足度（限界効用）は、消費量が大きくなるにつれて次第に小さくなる

0 1 2 3 4 5　ケーキ

図2-2b　Aさんのケーキの支払意思額

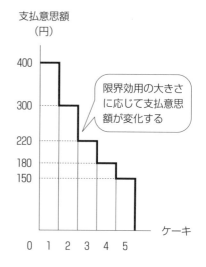

支払意思額
（円）

400
300
220
180
150

限界効用の大きさに応じて支払意思額が変化する

0 1 2 3 4 5　ケーキ

　Aさんが2個ケーキを食べたとすると、ケーキ2個の消費からの満足度、言い換えると、ケーキ2個の消費からの効用は、1個目を食べてさらに2個目を食べたときの限界効用の和、図2-2aでは、斜線の面積になります。

$$2個のケーキの効用 = 1個目のMU + 2個目のMU$$

ケーキ3個の効用はさらに3個目のMUを加えた大きさになります。以上のようにして、限界効用を合計することで全体の消費の効用が得られます。

　では、Aさんは、ケーキを手に入れるためにいくらお金を支払おうとするでしょうか。美味しいもの、より満足感が高いものは金額が高くても手に入れたいと考えるでしょう。ケーキの限界効用は1単位目が大きく、1単位目に支払ってもよいと思う金額（これを**支払意思額**という）は大きいでしょう。消費量が増えると限界効用は小さくなるので、支払意思額は満足の程度に合わせて次第に小さくなるでしょう。たとえばAさんにとって支払意思額が1単位目に400円、2単位目に300円……で、図2-2bのように表すことができたとします。これは横軸に数量、縦軸に支払意思額を棒グラフの長さとして表した図です。

　もう一度、支払意思額の意味を確認します。ケーキ1個目の支払意思額は400円でした。400円は、ケーキの好きなAさんが最初の1個目に支払う意思のある

金額、言い換えると、最大限いくらまでだったら支払う意思があるのかを示す金額です。

　消費者の嗜好は人によって異なります。同じケーキ1個についても限界効用は異なり、支払意思額も消費者ごとに異なります。ケーキをほどほどに好きな人、例えば、Bさんの場合、1個目のケーキに300円までならば支払う意思があり、2個目、3個目への支払意思額を調べたら、結局、**図2-2c**のようになるでしょう。

ポイント

> 1．効用は財・サービスの消費からの満足度である。
> 2．限界効用は、次の1単位の消費からの満足度を指す。
> 3．支払意思額は限界効用に応じて変化し、消費の増加に対して小さくなる。支払意思額は人によって異なる。

■個人の需要曲線と消費者余剰

　支払意思額の図の見方を変えて、縦軸の価格に対するケーキの数をとらえると、個人が価格に対して何単位を購入するかを示す個人の需要曲線になります。以下では、このことを確認します。

　図2-2bを見てください。ケーキの価格が500円だったら、Aさんはケーキを購入するでしょうか。ケーキの好きなAさんでも1個目の支払意思額は400円なので、購入しません。図で縦軸の500円からの水平線[2]を描こうとしても1単位目の支払意思額の棒グラフとは交わりません。500円から400円の間の価格では、価格からの水平線は1単位目の支払意思額の棒グラフとは交わることなく、需要量はゼロです。ケーキの価格が400円に下がると、価格が支払意思額に等しくなるので1個目を購入できます。このとき縦軸の400円からの水平線はちょうど1個目の棒グラフに接して、数量が1個（横軸の目盛りが1）だけ現れます。さらに価格が400から300円の間では縦軸からの水平線が1個目の棒グラフと交わるので、需要量は1個、言い換えると横軸の数量の目盛が1になります。価格が300

2）買い手、売り手はプライステイカーなので、価格を図示すると水平線になります。図2-2b
　　に水平線を書き込んで確認しましょう。

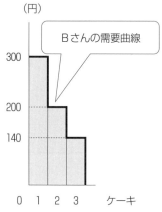

図2-2c　Bさんの支払意思額

支払意思額
（円）

Bさんの需要曲線

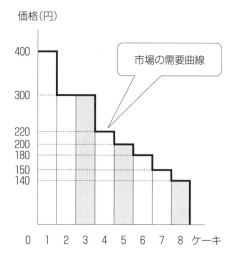

図2-3　ケーキの市場の需要曲線

価格（円）

市場の需要曲線

円になると、2個目の支払意思額に等しくなり、2個目を購入できるようになります。図では価格300からの水平線が2個目の支払意思額の棒グラフに接して、需要量が横軸の数量の目盛2になります。300円から220円の間でも、支払意思額300円が価格より大きいので、需要量が2になります。以上のようにして、さまざまな価格に対して需要量が決まり、図では棒グラフの輪郭に沿った右下がり階段状の太い線として需要量が決まります。この線がAさんの需要曲線です。こうして価格に対する個人の需要量を見出すことができるのです。

　Bさんの需要曲線は、Bさんの支払意思額の図2-2cから確認することができます。支払意思額の図の見方を変えることで、支払意思額の棒グラフの輪郭線がBさんの需要曲線になります。以上から、Aさんの需要曲線は図2-2bの右下がりの階段状の曲線で、Bさんの需要曲線も図2-2cの右下がりの階段状の曲線です。以上のようにして、個人の需要曲線が導かれるのです。市場での買い手がAさんとBさんの2人だけならば、2人の需要量を横軸方向に合計すると、図2-3の右下がりの階段状の市場需要曲線になります。

　いまケーキの市場価格が200円としましょう。すると、Aさんは3個購入します。1単位目から3単位目までの各1単位に実際支払う金額は200円ですが、支払意思額は異なります。よって1単位目の支払意思額400円に対して200円の支出

で済むため、200円得したといえます。この計算は

　　　1個目の支払意思額400円 − 1個目の実支払額200円＝200円

です。2個目の購入については

　　　2個目の支払意思額300円 − 2個目の実支払額100円＝100円

得します。3個目については220円 − 200円＝20円得しています。Aさんは3個全部で

　　　支払意思額と実支払額との差額の総額＝200＋100＋20＝320円

得したことになります。320円は、財を消費する前と比較してこの金額に相当する満足度が増加したことを表します。支払意思額と実支払額の差額を消費者余剰といいます。よって価格が200円のときAさんの**消費者余剰**は320円です。Aさんはケーキを3個購入することで、購入する前よりも満足度として320円分の利益を得たことになります。消費者余剰は市場での売買を通してもたらされた利益なので**交換の利益**でもあります。

　市場価格が200円のとき、Bさんはケーキを2個購入できます。Bさんの消費者余剰は支払意思額と実支払額との差額の総額＝(300 − 200)＋(200 − 200)＝100円になります。市場全体での消費者余剰は、市場に買い手として現れる全員の消費者余剰の和になります。市場での買い手がAさんとBさんの2人だけならば、ケーキ市場の消費者余剰は、2人の消費者余剰の合計、すなわち320＋100＝420円になります。この市場の消費者余剰は、需要曲線の図2-3では価格より大きい支払意思額の和としてとらえられます。

ポイント

1. 支払意思額の図の見方を変えると、それは個人の需要曲線になる。
2. 消費者余剰は支払意思額と実支払額との差である。購入する前と比較して満足度（効用）が金額表示した消費者余剰の分だけ増加したことを表す。
3. 市場の消費者余剰は、買い手全体の消費者余剰の合計である。

2.3　企業の供給

　なぜ供給曲線は右上がりなのでしょうか。この節では企業の生産行動からその理由を探ります。同時に生産から生じる費用や限界費用、企業にとっての利潤、市場での生産者全体にとっての利益である生産者余剰について説明します。

■限界費用

　供給曲線は、需要曲線とは逆に、右上がりの形状を示します。この理由を考えるために、準備として限界費用という費用を学びます。

　財やサービスの生産では生産量に応じて費用が増加していきますが、生産量の1単位ごとの費用は一般には等しくありません。すでに製品を10単位生産しているとき、次の11単位目の費用は10単位目の費用とは必ずしも等しくないのです。生産量を増やすとき、次の1単位の生産から発生する費用のことを**限界費用**といいます。限界費用は MC と表す場合があります。多くの場合、限界費用は生産量が小さいときには生産量の増加に従って次第に減少し、生産量が大きくなると上昇する傾向が見られます。ここでは議論を簡単にするために図2-4のように、限界費用が生産量0の段階から次第に増加するとします。限界費用が増加するのは、生産量の増加に伴い投入する生産要素も増えるために生産要素の価格が高くなったり、生産の効率が次第に低下するためです[3]。

　ケーキ屋さんはすでにケーキを3単位生産していて、4単位目の生産を考えたとします。市場に財・サービスを供給する企業は利益（利潤）を得るために生産物を生産・販売します。**利潤**は収入から費用を差し引いたものです[4]。生産を継続するか否かの判断は、4単位目の販売からの収入（価格）が費用（限界費用）を超えていれば、儲けとしての利潤がプラスになるので、4単位目を生産します。図の4単位目の限界費用が185円なので、その生産・販売が可能であるためには限界費用の185円が価格に等しいか、それより小さくなければなりません。

3）例えば、生産量の増加のために労働力を増やすが、作業場の広さは同じなために作業効率が落ちるなどがあります。

4）生産量とは関係なく発生する費用（固定費用）がありますが、ここではないものと考えます。固定費用を考慮に入れての利潤最大化生産量と固定費用を無視したときの生産量は一致します。

図 2 - 4　ケーキの限界費用

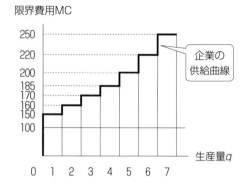

■供給曲線：縦軸に価格、横軸に数量

　供給曲線の右上がりの理由は生産量に対する限界費用の形状にあります。あとは図 2 - 4 の見方だけです。

　例えば、市場価格が100円だったら、生産者は財を生産するでしょうか。図 2 - 4 の縦軸の価格100で水平線を引くと、1 単位目の限界費用150が価格より大きいため利潤が負になり損するので、生産しません。では価格がいくらだったら生産するのでしょうか。それは価格が150円になったときです。価格が150円のとき生産・販売すると、利潤はゼロですが150円の収入で限界費用150円をちょうどカバーできます。だから生産者は価格150円のとき生産することができます。価格がさらに高くなると、1 単位目の生産、販売からの収入は限界費用をカバーするうえに正の利潤（＝収入－限界費用）をもたらすので、1 単位目を生産します。例えば155円の価格で水平線を引くと、価格の水平線は 1 単位目の限界費用の棒グラフと交わらずに、2 単位目の限界費用の棒グラフと交わります。つまり価格が155円では 1 単位目の生産をできるが、2 単位目はその限界費用をカバーできないので、生産量は 1 単位になります。以上のようにして、さまざまな価格での生産量を探していくと、その価格に対応する生産量は限界費用の棒グラフの輪郭の右上がりの太い階段状の線になります。これが生産者の供給曲線です。

　市場に参加するすべての生産者にとって限界費用の図が図 2 - 4 のように右上がりであれば、市場供給曲線は右上がりの曲線になります。価格に対してすべての生産者の供給量の総和をとると（図では、横軸方向に合計すると）、その価格

に対する市場供給量が得られます。同じ操作をすべての価格に対して施すと、各価格での市場供給量が得られ、図2-1のような市場供給曲線が導かれます。通常、市場の供給曲線は図2-1のような右上がりの形状を示し、価格が上昇するにつれて、供給量は増加します。供給曲線が右上がりになるのは、いま見たように限界費用曲線が右上がりになるからです。

いま、価格が185円だったとします。生産者は財を4単位生産します。このとき、生産者は1単位目から4単位目までの生産物1単位につき185円収入を得ます。けれども1単位ごとの費用（限界費用）は異なります。1単位目の限界費用が150円なので1単位目を生産して販売することで、価格と限界費用の差35（＝185−150）円だけ得します。2単位目の生産では価格と限界費用の差25円だけ得します。結局4単位目まで生産すると

$$価格と限界費用との差の総額 = 35 + 25 + 15 + 0 = 75$$

の利益、つまり**利潤**になります。企業はこの4単位を市場に供給して販売することで75円の**交換の利益**を手にするのです。この交換の利益を**生産者余剰**[5]といいます。

ポイント

1. 限界費用が生産量の増加に伴って増加するので、供給曲線は右上がりになる。
2. 価格と限界費用の差は企業の生産者余剰になる。

2.4 市場均衡

市場での取引はどのようなときになされるのでしょうか。それは市場需要量と市場供給量が等しくなるときです。言い換えると、市場の図で需要曲線と供給曲線の交点、市場均衡点のときです。ここでは市場均衡がどのようにして得られるのか、どのような意味を持つのかを考えます。

5）生産における固定費用はないものと考えているので、利潤は生産者にとっての生産者余剰に等しくなります。

図2-5　需要曲線と供給曲線

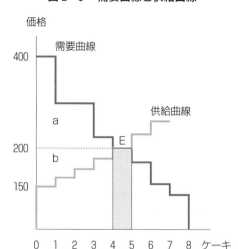

■市場均衡の意味

　議論の単純化のために、ケーキの需要については、買い手がAさんとBさんだけで、供給については売り手がケーキ屋さん1社でした。図2-3の市場需要曲線と図2-4の市場供給曲線を1つの図にまとめると、図2-5のようになります。2.1節の市場均衡の説明からわかるように、均衡価格は、階段状の需要・供給曲線が交わる価格200円のときです。このときの均衡取引量は5で、確かにAさんとBさん2人の需要量の和に一致しています[6]。なお、図2-5では取引量が少ないので、数量の示し方として1個を幅のある大きさとして取りました。けれども、一般にはたくさんの数量が取引対象になるので、1単位の大きさを点として表します。このため、需要曲線と供給曲線は、図2-1のように曲線または直線として表します。

　市場均衡の背後にはどのような意味があるのでしょうか。市場均衡は（市場）需要量と（市場）供給量が等しいことでした。では、買い手一人ひとり、売り手一人ひとりはどうでしょう。ケーキの場合、価格200円でAさんはケーキ3個、Bさんは2個を求め、それぞれが望む数量で、購入できました。ケーキ屋さんは

---

6) 市場への参加者が少ないと市場は不完全競争化しますが、説明の便宜上、買い手や売り手は
　競争的に行動すると仮定します。

価格200円で5個作ることが最も利潤が大きい数量でした。よって市場均衡では
すべての買い手、売り手がそれぞれ欲しい数量だけ購入でき、売りたい数量だけ
売ることができます。取引する買い手と売り手全員が満足できる状態なので、買
い手や売り手は別の価格で取引しようとする動機は起こりません。

ポイント

1. 市場均衡では、すべての買い手、売り手が満足できる状態である。

■市場の効率性

　余剰が大きいほど無駄がなく、市場の効率性が高いと判断されます。市場の効
率性がもっとも高いときはどのような状態でしょう。

　カギは前項のポイントにあります。市場での取引は市場均衡でなされ、すべて
の買い手、売り手が満足できます。満足できることは、買い手の場合、一人ひと
りが取引価格で消費者余剰を最大にでき、売り手の場合も、一人ひとりが生産者
余剰を最大にできる状態です[7]。図2-5では均衡価格が200円でその均衡数量が
5で、このとき、余剰が最大になります。その理由は次の通りです。

　買い手がさらに1個購入すると、価格が200円に対して支払意思額が180円で20
円分の消費者余剰を減らします。生産者がさらに1個生産すると、限界費用が
220円なので生産者は20円分の生産者余剰を減らすことになります。逆に購入量、
供給量が1個少なくても消費者余剰、生産者余剰は小さくなります。

　よって、図2-4の均衡価格200円での消費者余剰は領域aの面積、生産者余剰
は領域bの面積で、その和である**社会的余剰**が最大になります。買い手一人ひと
りにとって消費者余剰が最大であり、また売り手一人ひとりにとっても（生産者
一人ひとりにとって）生産者余剰が最大であって、無駄のない状態を表します。

　以上から、社会的余剰が最大である市場において、無駄のない状態とは、市場
の効率性がもっとも高い状態を表します。社会的余剰を最大にするのが、完全競
争の市場均衡です。

---

7) ケーキの製造の説明ではケーキ屋さんは1社でしたが、企業の数が複数になっても変わりま
　せん。

ポイント

> 1．社会的余剰は消費者余剰と生産者余剰の和である。
> 2．社会的余剰が最大になるときが、もっとも無駄のない状態で効率的である。
> 3．社会的余剰は完全競争の市場均衡で最大になる。

【読書案内】

坂井豊貴（2017）『ミクロ経済学入門の入門』（岩波新書）岩波書店

　ミクロ経済学では、たくさんの経済用語が出てきます。すでにこの章でも効用、限界効用、限界費用などの用語が出てきました。用語の理解の上に、その用語を用いて新しい概念が説明されます。そのようなこともあり、ミクロ経済学は難しいと評さるようです。この文庫本は、「ミクロ経済学」や「ミクロ経済学入門」を学ぶうえでの自習書として役立つと思います。

第3章 | マクロ経済学の学び方

経済学の基礎は**ミクロ経済学**と**マクロ経済学**から構成されています。ミクロ経済学は経済を構成する主な主体である家計と企業の行動原理や、それらが取り引きを行う市場を中心に分析します。マクロ経済学は、家計や企業の個々の行動ではなく経済全体として集計された消費や投資、それらが構成する GDP を主な分析対象にします。この章ではマクロ経済学の学び方を中心に説明します。1章を事前に読んでおいてください。

3.1 高校の「政治・経済」で学んだこと

みなさんは、高校の「政治・経済」で GDP のことをある程度詳しく学んでいます。例えば、「国内総生産（GDP）は、一定期間内に一国内で生産された総生産額から、原燃料などの中間生産物の価額を差し引いたものである。」「ケインズによれば、生産水準や雇用水準の大きさは、有効需要の大きさで決まる。有効需要の大きさは、次の式で示される。有効需要＝消費＋投資＋政府支出＋（輸出－輸入）」（第一学習社）

「国民総生産（GNP）は、1年間に国民がどれだけの価値（市場で取り引きされる財・サービスの価値）を新たに生み出したかを示した指標。GNP は各企業の粗付加価値（売上高－他企業から購入した中間生産物の金額）を合計することによって得られる。」「国民所得は同じ額を生産、分配、支出の3つの面（それぞれ生産国民所得、分配国民所得、支出国民所得という）からとらえることができ、これら三面が等しいことを三面等価の原則という。」（東京書籍）

ただ、高校の教科書の記述は、結論だけをコンパクトにまとめているため、GDP がなぜ粗付加価値なのかなどがよくわからないでしょう。このあたりを詳

しく学ぶのが大学の経済学、その中でもマクロ経済学の役割といっていいでしょう。

3.2　GDPとは

一国の経済全体でどれだけ生産活動がされたかを考えることは大変重要なことです。その活動を統計的に把握することによって、一国の景気の善し悪しとか、雇用の動向などを知ることができます。一国の経済全体は**マクロ経済**と呼ばれますが、そのマクロ経済の状態を表す代表的な指標がGDPです。その値が上昇していけば景気は上向きであるとか、雇用は安心であるとか言います。また、その値が下落していけば景気は下向きであるとか、雇用が心配だなどと言います。**GDP**（Gross Domestic Product）とは、「ある一定の期間（1年間）に、国内で生産された財・サービスの**粗付加価値**の合計額」と定義されます。各生産段階で新たに生み出された**付加価値**（value added）だけを集計したのがGDPです。付加価値とは売上高から原材料などの中間財を差し引いたものです。また、支出面から定義すると、

GDP ＝消費＋投資（民間住宅、民間設備投資、在庫品増加）＋政府支出
　　　＋輸出－輸入

となり、これを**国内総支出**（GDE：Gross Domestic Expenditure）といいます。

さて、上のGDPの定義で注意する点は「国内で生産された財・サービス」となっていることです。すなわち、GDPは「国内」での生産が対象になります。類似の概念として**GNP**（Gross National Product）があります。これは、国民が生産した価値額が対象になります。例えば、日本国民が海外で得た所得はGNPに入りますが、GDPには入りません。生産要素の投入に対する対価を要素所得と表せば、GNP ＝ GDP ＋海外からの要素所得－海外への要素所得となります。なお、国連による国民経済計算方式（93SNA）の改訂に従って、日本は2000年からGNPとは言わずに**GNI**（Gross National Income、国民総所得）という表現を用いています。GNPは上の定義からわかるように生産よりも所得の観点からとらえている概念なのでP（GNP）ではなくI（GNI）を使うことになりました。

　さらに GDP の定義で「生産された財・サービス」となっていることから、生産されない財・サービスは GDP には含まれません。例えば、株の値上がりで儲けた所得（**キャピタル・ゲイン**）は GDP に含めません。これは、経済の生産活動から生み出されたものとはみなせないからです。ただし、株への配当は GDP に含まれます。

　生産された財・サービスといっていますが、市場で取り引きされないものは含みません。その代表例が、家庭の主婦の家事労働サービスです。同じ作業を家政婦さんに依頼した場合は GDP に含まれます。ただし、所有者が居住している家屋の家賃（**帰属家賃**といいます）などは含まれます。なお、財・サービスで財は「もの」、すなわち手で触ってとらえることができるものであり、サービスは手で捕まえられないものと理解するとよいでしょう。

　すでに述べたように、付加価値は売上高から**中間財**（原材料費用）を差し引いたものであり、GDP には中間財の取引は含めません。中間財の取引を加えると、同じものを 2 度足す（**二重計算**）ことになるからです。各段階の生産・販売額には前の段階の生産・販売額を含めて値段が設定してあるからです。各生産段階が新たに生み出した付加価値だけを足し合わせれば二重計算は避けられます。GDP には原材料の取引も含まれていると勘違いしている方が多いので、注意が必要です。なお、中間財に対比されるものが**最終財**です。生産の過程で原材料として使われるのが中間財、消費者が小売店で購入する財が最終財。パン屋さんが使う小麦粉は中間財ですが、家庭の主婦がマーケットで購入する小麦粉は最終財です。同じ財であっても、使われ方の違いによって、中間財になったり最終財になったりします。従って、GDP は一定期間において、国内で生産される最終の財・サービスの市場価値と定義することもできます。

　さて、GDP の定義に戻ると、その定義には**粗付加価値**と書かれています。粗付加価値の**粗（Gross）**とは**減価償却費用**を含む概念であるのに対して、**純（Net）**は減価償却費用を差し引いた値です。機械設備は毎年少しずつ摩耗していきますが、この部分を費用として計上します。例えば、企業が営業用の車を100万円で購入し 5 年間使用するとしましょう。このとき、最初に一括して100万円を費用として計上するのではなく、毎年20万円ずつ費用として計上します。この20万円が年間の減価償却費用です。本来 GDP の G は粗の日本語をあてるべきなのです。なお、減価償却は GDP の統計用語では**固定資本減耗**といいます。粗

図3-1　日本の実質 GDP の推移

（データ出所）内閣府、国民経済計算、暦年、1970-2019

に対比されるのが純、粗付加価値から資本減耗を引いたのが純付加価値です。

　GDP の定義で、多くの学生が間違えるのは「生産されない財・サービス」と「中間財（原材料)」の２つです。これらは GDP には含まれませんので注意してください。

　日本の2019年の**実質 GDP** は555.8兆円であり、1970年（実質 GDP は188兆円）からの GDP の変遷は**図３-１**に示されています。これから、日本経済がこれまでどのような発展をしたかがおおよそ知ることができます。

ポイント

●GDP とは１年間に国内で生産された財・サービスの粗付加価値の合計額。

3.3　GDP の決まり方

　さて、GDP の中身はわかったと思いますが、GDP の水準がどのように決まるかを知ることは大変重要です。私たちの家計の収入や企業の売上、そして就職状況にも影響します。次の GDP に関する式をもう一度見てみましょう。

　　粗付加価値＝消費＋投資＋政府支出＋輸出－輸入

　左辺の粗付加価値は生産活動によって生じた生産額に対応します。これは
GDP の **供給サイド** ということができます。これは、生産活動への生産要素（労
働、資本、土地）の投入の結果生じたものということができます。この供給水準
を増やすためには労働量が増大したり、労働の生産性が増大すること、あるいは、
資本量が増加したり、資本の生産性が増大することなどが必要です。現在、わが
国は人口減少時代に突入しています。労働の量の減少ということを考えると、人
口減少は GDP に対してはマイナスの影響をもちます。しかし、生産性の要素も
重要です。人口が少なくても先進国が GDP を増大させることができるのは経済
の技術水準が高いことによるものです。したがって、日本は今後も一層の技術水
準を増進させる技術立国となっていく必要があります。

　しかし、GDP は供給サイドからだけで決まるものではありません。上の式か
らわかるように GDP は支出面でみると、消費、投資、政府活動、貿易に依存し
ます。これらは生産された粗付加価値をどのように需要するかを表しています。
したがって、GDP の **需要サイド** といわれます。消費は GDP の約 6 割を占めるも
ので、消費需要が活発なことは GDP を増やす要因となります。ただそのために
は生産面から発生する所得が増加しないと無理でしょう。ただ、世の中の景気心
理の要素も消費需要に影響を与えます。確かに、そうした景気心理が上向けば、
人々は消費を増やすことになり、それが生産に影響して GDP が増加する側面も
あります。

　しかし、GDP の動向に大きく影響を与えるのは投資需要です。投資需要は工
場の新設などの設備投資や開発投資などの投資を表します。これは企業の将来の
業績見通しのもとで行われる企業にとって重要な決定です。また、これは景気の
動向によって大きく変動するものです。この点、人々の消費需要は景気にあまり
敏感には影響しないことと好対照です。また、投資需要は新しい技術の獲得や生
産方法の改良などのイノベーションを喚起しますので、GDP の供給サイドへ影
響を与えます。こうして投資活動は投資需要の側面への影響とあわせて大変重要
な役割をもっています。

　さらに、政府の GDP への影響も大変大きくなっています。政府支出が増えれ
ば需要が増大し、消費税などで政府収入を増やすと需要は減少します。本来、政

府の役割は夜警国家としての役割と市場の失敗に関するミクロ的な介入が基礎になるのですが、景気の悪化に対して、景気の下支えのために政府支出を増やすことなど、景気の調整のために政府支出を行うという点も政府の重要な役割となっています。特に景気が悪化すれば雇用状況も悪化するので、この点での国民の要望は大きくなります。そのための政府支出の多くは道路や港湾の整備などの公共投資になります。また、世界でも例をみないほどの高齢化が進んでいる現在、福祉に対する政府支出も増大しています。しかし、政府支出の増大はその財源の確保が必要であり、税収以上の政府支出を賄うためには国債を発行しなければなりません。財政赤字を際限なく拡大していくことはできません。将来世代のことを考慮することが大切です。

最後に GDP の需要サイドの要素として貿易需要があります。これは輸出額から輸入額を差し引いたもので、この値が正であれば貿易収支は黒字、負であれば赤字といいます。日本は戦後一貫して輸出を伸ばしてきました。これには、エネルギー資源小国として石油などのエネルギーの輸入が不可欠であり、それに対応する輸出の増加が必要であるという政策上の課題から、政府は輸出振興を進めてきました。輸出の増加は GDP の需要サイドを引っ張る役割をすることになり、自動車、家電などの輸出産業は日本経済の発展の牽引者として貢献してきましたが、近年では貿易黒字は減少傾向となっています。

ポイント

●GDP を決める需要サイドは、消費、投資、政府支出、輸出－輸入からなる。

3.4 GDP 関連の基礎用語

社会で GDP と出会うのは新聞の記事です。GDP は 3 カ月に 1 回新しい統計が発表されますが、その度に速報で報道されます。GDP に関するニュースを正確に理解できるためには、まず基礎的な用語をおさえておくことが必要です。

■四半期
四半期とは、1 年を 4 つに区切った 3 カ月間のことです。1 月～3 月、4 月～

6月、7月～9月、10月～12月の4つです。最初の四半期を第一四半期ということもあります。GDPは3カ月単位で推計され発表されます。最近は四半期ごとに決算（いわば会社の成績）を発表する企業も増えてきました。3カ月を経済活動の1区切りととらえます。

■年と年度

次に年と**年度**の区別をしっかりしておきましょう。年は**暦年**（Calendar year）ともいいカレンダーと同じように1月から始まり12月で終わる1年間です。年度は**会計年度**（fiscal year）ともいい、国の予算が始まる月から始まる1年間です。日本の会計年度は4月から翌年の3月までです。会計年度は国によって異なり、アメリカの会計年度は10月からスタートします。アメリカは9月から始まると思い込んでいる人が多いので注意しましょう。統計を見たり整理するときは年統計か年度統計かをしっかり区別してください。

■実質と名目

名目と実質の区別は、経済学では特に重要です。一般的に**名目**（nominal）とはそのままの数値、**実質**（real）とは物価変動の影響を除いた値です。金額＝価格×数量ですが、ある年の実質GDPは、当然ながら数量はその年の数量を用いますが、価格はその年の価格ではありません。**基準年**を決めてその基準年の価格を使って金額を求めます。なぜ、このような計算をするのでしょうか。それは、生産数量が変わらないのに価格が上昇すれば金額は増えてしまうからです。基準年を決めてその年の価格を使って金額を計算すれば、GDPが増加したのは生産量が増えたからだとわかるからです。名目GDPの場合、数量は変化しなくても価格だけが上昇することで増えてしまいます。日本では基準年は2010年、2015年、2020年というように5年ごとに更新しています。報道では「物価変動の影響を除いた**実質**」、「生活実感に近い**名目**」と表現されることがあります。

その他、**名目利子率**と**実質利子率**、**名目賃金**と**実質賃金**、**名目為替レート**と**実質為替レート**などの区別が重要です。実質利子率は、次のようになります。

実質利子率＝名目利子率－期待インフレ率

企業が行う投資活動は、名目利子率ではなく実質利子率に基づいて決定されるの

です。このように実質値の求め方は経済データによって異なります。

■季節調整

GDP（**季節調整済**）という表現がよく登場します。経済統計には季節ごとのくせが現れます。例えば、正月前の時期やボーナス時期には通常より消費が増加します。その反動で翌月には消費が減少します。季節要因によって GDP が増えたのか、あるいは経済活動が活発になって増えたのかを見極める必要があります。季節要因で GDP が増加したのに、景気が回復したものと勘違いしてはいけません。季節調整済の統計は、そのような季節要因による変動を取り除いたデータであることを意味します。

■ GDP デフレーター

国内で生み出された物価上昇をとらえるのが **GDP デフレーター**です。名目 GDP を実質 GDP で割って求めます。**消費者物価指数**とは違った計算で求められます。輸入物価の上昇は消費者物価指数を上昇させますが、GDP では輸入は差し引かれ、名目 GDP は低下するので、他の条件が同じなら、GDP デフレーターは低下します。GDP デフレーターはホームメード・インフレを測る指標といえます。

$$GDP \ デフレーター = \frac{名目\,GDP}{実質\,GDP}$$

なお、消費者物価指数と GDP デフレーターは第 8 章も参照してください。

3.5　経済学部の学生にとって必須の計算

大学の経済学では、結構数学を使うことが今では高校生にも知れ渡っているようですが、入門経済学では基本的な加減乗除の計算ができれば十分です。ここでは、マクロ経済学で、ぜひとも知っておきたい計算式を紹介します。

■成長率の計算

経済成長率の計算は最も基本的な計算ですので、確実に覚えておきましょう。

成長率は今年の増加分が前年の値に対してどれだけの割合になっているかを表します。100をかけるのは百分率（％）表示するためです。前期比の成長率であれば、使うのは四半期のデータです。前年同期比の場合は、1年前の同じ期の四半期データを使います。成長率は、増加率、伸び率、上昇率、下落率、騰落率などと表現されることもあります。

$$経済成長率 = \frac{今年のGDP - 前年のGDP}{前年のGDP} \times 100 \tag{1}$$

■年率の計算

年率換算とは今と同じペースで成長したら1年間では何％の成長に相当するかを表します。ちょうどマラソン中継で、今のペースで走ったら、ゴールは2時間7分台の記録になるでしょう、と解説者が表現するのと同じです。四半期での前期比成長率を年率に換算するには次のように計算します。少し計算が続くので、飛ばして結論の式だけ覚えてもらっても結構です。

昨年のGDPをAで表し、1～4期までのGDPをそれぞれA_1、A_2、A_3、A_4で表します。前期に比べて1.0%成長し続けると想定します。すると、次のように書けます。

$$A_1 = A \times (1+0.01)$$
$$A_2 = A_1 \times (1+0.01) = A \times (1+0.01) \times (1+0.01) = A \times (1+0.01)^2$$
$$A_3 = A_2 \times (1+0.01) = A \times (1+0.01)^3$$
$$A_4 = A_3 \times (1+0.01) = A \times (1+0.01)^4$$

GDPは、最初はAで1年後はA_4になります。1年間の成長率を計算します。成長率は上の「成長率の計算」の式を適用します。

$$年成長率 = \frac{A \times (1+0.01)^4 - A}{A} \times 100 = \{(1+0.01)^4 - 1\} \times 100 = 4.06\,\%$$

四半期の成長率を年率に換算する式は、言葉で書けば、次のようになります。

$$年率換算成長率 = \{(1+四半期成長率)^4 - 1\} \times 100 \tag{2}$$

上の計算過程でもわかるように、年率計算において初期値（この場合 A）は計算の途中で消えてしまうので、重要でないことがわかります。

なお、(2) 式は関数電卓か表計算ソフトがないと簡単には計算できないので、大まかな計算でよい場合は、四半期成長率を 4 倍して、それにわずかだけ足すと覚えておけばよいでしょう。

■72のルール

上の計算過程を学んだ後で、一般的に初期値を A、終値を B、年成長率を x、期間を n で表すと、次のような関係になっていることがわかります。

$$B = A(1+x)^n \tag{3}$$

上式を変形していき、x について求めます。

$$\frac{B}{A} = (1+x)^n$$
$$1+x = \left(\frac{B}{A}\right)^{\frac{1}{n}}$$
$$x = \left(\frac{B}{A}\right)^{\frac{1}{n}} - 1 \tag{4}$$

(4) で $A = 1$、$B = 2$、$n = 10$ を代入すると、$x = 0.072$ となります。例えば、GDP が10年間で 2 倍になるには、必要な年成長率は7.2%であることがわかります。経済を学んだことのある人はこのことを「約 7 ％で成長すれば10年で 2 倍になる。」といいます。この関係は GDP だけでなく、銀行に預けた元金についてもあてはまります。このことから、次のようなルールが知られています。

72のルール

$$2倍になる年数 = \frac{72}{成長率} \tag{5}$$

成長率の代わりに、金利（利子率）でも使えます。このときの成長率や金利は％の数値を使います。例えば、7 ％なら、7 で割ります。

■無限等比数列の和

　高校の数学で学んだ内容の中で、入門マクロ経済学で最もよく使われるのが「**等比数列**」です。その中でも「**無限等比数列の和の公式**」は最も重要です。この本でも銀行の信用創造（第4章）のところで登場します。その他、マクロ経済学では、乗数、投資の限界効率、債券の市場価格、ローンの計算などで使われます。

　次のような数の並びを「等比数列」といいます。

　　　例）10、5、2.5、1.25、0.625、…

　最初の項が10で、2番目の項は、最初の項に0.5をかけています。3番目の項は2番目の項に0.5をかけています。このように前の項に一定の数を順々にかけていることがわかります。このとき、最初の項を「**初項**」、毎回かけている一定の数を「**公比**」といいます。上の例では、初項は10、公比は0.5です。

　記号を使って一般的に書いてみましょう。数列の初項をa、公比をrとすると、等比数列は次のようになります。

$$a, ar, ar^2, ar^3, ... \ ar^{n-1}, ar^n \qquad\qquad (6)$$

（6）の数列では、1番目（a）から$n+1$番目（ar^n）まで並べてあります。

（6）でnの値が無限に続く場合を**無限等比数列**といいます。次のようになります。

$$a, ar, ar^2, ar^3, ... \ ar^{n-1}, ar^n, ... \qquad\qquad (7)$$

$n \to \infty$（無限大を表す記号）となり、限りなく続きます。

　次に、（7）で表される無限等比数列の和（合計）を計算するにはどうしたらよいかを考えます。無限等比数列の和をSで表すことにします。

$$S = a+ar+ar^2+ar^3+ \ .... \ +ar^{n-1}+ar^n+ \ ... \qquad\qquad (8)$$

（8）式の左辺と右辺にrをかけます。

$$rS = ar+ar^2+ar^3+ \ .... \ +ar^{n-1}+ar^n+ar^{n+1}+... \qquad\qquad (9)$$

（8）の両辺から（9）の両辺を差し引きます。すると、次のように簡単になってしまうのです。

$$S - rS = a \tag{10}$$

(8) と (9) の右辺は無限に続くので、(8) と (9) の違いは (8) の方が最初の項 a が多いだけなのでこのように消えてしまうのです。

(10) より、

$$S = \frac{a}{1-r} \tag{11}$$

言葉でかけば、

$$無限等比数列の和 = \frac{初項}{1-公比}$$

これが「無限等比数列の和の公式」です。公比が 1 のケースは除きますが、経済学で扱う場合、公比は小数なので問題ありません。

ポイント

- 無限等比数列の和の公式、初項/(1−公比) はマクロ経済学で最も多く使われる。

3.6　統計に親しもう

　マクロ経済学には GDP 統計以外に、**完全失業率、有効求人倍率、日経平均株価、円相場、消費者物価指数、企業物価指数、日銀短観、景気ウォッチャー調査**などの基本統計が登場します。不思議なことにいくつかの統計を知っていると、経済がだんだんわかるようになってきます。例えば、「日本の実質 GDP はおよそいくらか？」という問いにすぐ答えられますか。「500兆円」と答えられた学生は、それだけですばらしい。「財布の中に入っている最も大きな硬貨」と覚えておけば簡単に覚えられます。

■手を使って学ぶ

経済学では簡単な計算でも必ず、「紙と鉛筆」でみずから計算することが大切です。これはぜひ心がけてください。マクロ経済学では「図解」を多用します。「45度線図」、「IS-LM曲線」、「総需要・総供給曲線」などたくさん登場します。図は大きく、丁寧に描くことが重要です。

以上、これまで述べてきたことを忠実に実行すれば、必ず経済学が楽しくなり、経済がわかるようになることを請け合います。

【読書案内】

宮崎勇・本庄真・田谷禎三（2013）『日本経済図説　第四版』岩波新書、岩波書店

本書は日本経済の小百科のような存在です。明治維新からアベノミクスまでの日本経済を見開き2頁でコンパクトに解説します。1面は文章、残りの片面はよく整理されたグラフや図表で埋められています。グラフを見るだけでも勉強になります。おまけに昭和からの年表がついています。

コラム　新聞の読み方

高校生のとき、みなさんは、小論文対策として先生から新聞を読みなさいと指導されたのではないでしょうか。経済学部の学生になった今、様々な講義で経済ニュースをよく読みなさいとアドバイスされます。経済ニュースと聞くと、専門用語が多くて難しいイメージがありますが、経済がわかるようになるためには、ぜひ経済ニュースにチャレンジしてください。そこで、きょうは大学で経済学を学び始めたみなさんに『日本経済新聞』の読み方を中心に伝授しましょう。

Q　新聞はどこから読んだらいいんですか？

A　やはり初心者はオーソドックスに1面から目を通すのがいいね。日経の1面トップニュースはよほどの大事件がないかぎり、原則的に経済ニュースがくることになっているんだ。他の一般紙との違いだね。もう一つの違いは、

最後の頁はテレビの番組欄ではなく、文化欄だからね。テレビ欄は真ん中あたりにあるよ。でも日経でテレビ欄を見る人はまずいないね。それと、新聞は全部読む必要はないよ。自分の好きなページを読めばいいんだ。

Q 好きなページと言われても困っちゃうな。日経のオススメ記事を教えてくれますか？

A 新聞の記事は大きく分けると、出来事だけを記した事実報道と記者や外部の寄稿家による解説記事から成っているのは知っているね。後者をまとめてコラムと呼んでおこう。事実報道ではあまり差はないので、最近は調査報道に力を入れているのが新聞の傾向だね。日経の代表的なコラムを紹介するよ。まずは1面下にある「春秋」。ベテラン記者によるコンパクトで読みやすい内容だからおすすめだよ。朝日新聞なら「天声人語」、読売新聞なら「編集手帳」、熊本日日新聞（熊日）なら「新生面」、それぞれ新聞社の看板コラムだ。次に2面の「社説」も読んでおきたいね。こちらは、新聞社の公式的な主張を書いているので、少し生硬で読みにくいかもしれないが、論述文の書き方のひとつの例として読むといいよ。その他、日経には「きょうのことば」というその日の記事に登場する専門用語を解説するコラムがあるんだ。自分の知識の確認になるね。政治面には「首相官邸」があるね。これは通好みの記事だ。前日の総理大臣の行動が時系列で記録してあり、誰と会ったとか、どこのレストランで食事したとか、ヘアカットやスポーツジムはどこに通っているか等々、事細かにわかるよ。その他、日経の特徴あるコラムを紹介しよう。中程のマーケット総合にある匿名コラムの「大機小機」。筆者がペンネームで書いているので、本音で語られることが多いのが特徴だ。2面に登場する「迫真」と「真相深層」は、ニュースを深く掘り下げるというスタイルで読み応えがあるよ。経済学の勉強になるのが日経の特徴でもあるんだが、その代表が「経済教室」と「やさしい経済学」だね。この紙面はちょっと本気を出して読もうか。「オピニオン」面も読み応えがあるよ。曜日毎に「核心」、「Deep Insight」、「複眼」、「創論」、「時論」、「Financial Times」、「The Economist」と充実しているね。英の *Financial Times* の翻訳記事が増えたのは、日経新聞社が同社を子会社にしたという背景があるん

だ。最後の紙面にある「私の履歴書」も日経の伝統的なコラムだ。功成り名を遂げた人物の半世紀を自ら語るというスタイルだ。興味ある人物が登場したらフォローしておきたいね。それと、実は日経は「スポーツ」も充実しているんだ。スポーツ面しか読まない学生もいるらしいが、日経のスポーツコラムはなかなか良いよ。

　曜日毎のオススメを列挙しておこうか。月曜版には法律問題を扱う「法務」欄や「教育」、女性を対象にした「女性」面、「エコノフォーカス」もはずすわけにはいかないね。水曜には様々な大学の取り組みを紹介する「大学」面がある。金曜には企業欄に「ヒットのクスリ」、土曜日には新刊紹介の「読書」面があり、週毎に「今を読み解く」、「リーダーの本棚」があり、月末に登場する「経済論壇から」を読むと、日本経済で今何が問題となっているかがわかるよ。日曜日には政治コラムの「風見鶏」、注目の人物を紹介する「このヒト」や来週発表の統計などがわかる「今週の予定」があるね。夕刊にも興味あるコラムがあるよ。月曜には「ニッキィの大疑問」、「食あれば楽あり」、火曜には就活に役立つ「就活のリアル」、金曜には映画評の「シネマ万華鏡」とコラム満載だね。

Q　日経の紙面構成を教えてください。それとどういうところに目をつけて記事を読めばいいのかという点も。

A　コラムの紹介にちょっと力を入れすぎちゃったかな。日経の紙面の構成を事前に理解しておくと、目的のニュースに早く到達できるよ。紙面の上部に印刷してあるからそれを目次がわりにするといいね。ただし、すべての記事がきれいに分類されているとは限らないんだ。例えば、消費税増税の記事が1面トップにきた紙面では、関連記事が総合面、経済面、政治面、国際面などに分散して掲載されているよ。これは紙という物理的制約のためやむを得ない側面もあるんだけど、関連する記事は本来は1カ所にまとめてくれるとありがたいね。したがって、読者としては1つのテーマの下で紙面を横断して読むことが必要になることを覚えておくことだね。日経を読むときは、経済、政治・外交、企業、投資、消費、国際、株価・経済指標、スポーツ、社会、文化というジャンルを頭に入れておくといいよ。

Q　最後に、電子版の活用法についても教えてください。

A　日経の電子媒体には、日本経済新聞電子版と日経テレコン21があること
は知っているね。前者には一部無料の記事もふくまれているけど、基本的に
両者は有料。日経電子版は紙の日経を忠実に電子媒体にしたというコンセプ
トかな。パソコン以外にタブレットやスマホでも読めるように専用アプリを
公開しているよ。日経テレコン21の方は日経電子版より歴史が古く、企業や
大学・研究機関向けという性格が強いね。大学として日経テレコン21を契約
していると学生が学内のパソコンで日経を自由に読めるという大きなメリッ
トがあるね。記事はデータベース化されているから、過去の記事まで検索で
きるので、レポートや論文作成に大いに効果を発揮すること間違いなしだ。
過去の連載記事やコラムを読めるのも電子版の利点だね。図書館で紙の新聞
を読むもよし、パソコンで電子版を読むもよし。新聞を読めば世の中の動き
がわかり賢くなるぞ。それと熊日に毎日連載されている四コマ漫画「くまモ
ン」も見逃せないね。

第4章 | **お金の役割**

お金は人類最大の発明！

　世界史では火薬、羅針盤、活版印刷術を人類の三大発明と呼んでいます。しかしこれら三大発明に勝るとも劣らない発明が、お金（貨幣）です。現代の高度な分業社会はお金があってこそ成り立つと言っても過言ではありません。本章では、お金が私たちにどのようなメリットをもたらしているのか、さらに、お金は誰がどこでどのように発行しているのかを、日本銀行（日銀）と市中銀行[1]に注目して説明します。

4.1　経済学での「お金」とは？

　経済学ではお金のことを**貨幣**（money）と呼んでいます。特に、一つの国や地域で通用する貨幣（日本では円）を**通貨**と呼びます。そこで問題です。以下の中から経済学が対象とする貨幣を選んでください。

> 一万円札、預金、株式、国債、土地

　正解を述べる前に、まず、経済学での貨幣の定義を明らかにしておきます。高校の政治・経済の教科書によれば、「経済的取引の仲立ちをするものを貨幣という」、とあります[2]。経済的取引とは、買い物などのことです。したがって、貨

1）経済学では民間の金融機関を「市中銀行」と呼びます。これに対して日銀は「中央銀行」
　です。
2）『政治・経済』（東京書籍，平成25年2月10日発行）の121ページです。

幣とは「速（すみ）やかに買い物ができるもの」なのです。このとき、その速や
かさを経済学では**流動性**（liquidity）と言います。以上のことから、経済学では
「流動性の高いもの」を貨幣と呼ぶことがわかります。この定義に基づいて、上
記の選択肢が高い流動性を持っているか、つまり貨幣と呼んでよいかを以下で検
討してみましょう。

【一万円札】一万円札などの現金を持っていれば、直ちに買い物ができます。
したがって、現金は最も流動性が高いことがわかります。

【預金】どこかの銀行に預金口座を開設していれば、銀行のキャッシュカード
が使えます。キャッシュカードがあれば全国いたるところに設置してあるATM
（現金自動預け払い機）で、流動性の高い現金を気軽に引き出すことができます。
しかし、今日の社会では、あえてATMで現金を引き出さなくても、銀行に預
金があれば以下の方法で欲しい物を買うことができるのです。まず、キャッシュ
カードにはデビット機能がついているものがあります（以下、デビットカードと
呼びます）。これは、買い物をしている店にキャッシュカードを提示することで、
必要な額を銀行口座から直ちに引き落とし、決済できるという機能です。また、
クレジットカードを持っていれば、デビットカードと同様に、手持ちの現金がな
くても買い物ができます。その場合、後日、指定の銀行口座から買い物をした金
額分が引き落とされます[3]。さらに、電気・ガス・水道などの公共料金について
は、ほとんどの家庭で銀行口座からの自動引き落としが行われており、決済に現
金を必要としません。このように考えると、現金だけでなく預金も直ちに買い物
ができるという性質を有していることがわかります。このような理由から、経済
学では預金も貨幣として考えるのです。

【株式・国債】株式や国債の流動性は、残念ながら高くありません。ある企業
の株式を持っているからと言って、その株式で欲しい物（たとえば車）を買うこ
とはできません。株式を保有している人が、どうしても車を買いたければ、株式
市場で株を売却し、現金を手に入れたところで車の購入手続きをしなければなり

3）手持ちの現金がなくても買い物ができるという点で、デビットカードとクレジットカード
は類似していますが、決定的な違いがあります。それは、借金かどうかということです。デ
ビットカードでは、必要な金額がその場で銀行口座から引き落とされるので借金ではないの
ですが、クレジットカードを使用した場合、クレジット会社が支払いを立て替えるため借金
が発生します。

ません。しかし、その時に、希望の金額で株式を売却できないことも多々あります。国債も同様です。

　【土地】土地は株式や国債以上に流動性が低いと考えられますが、その理由は皆さんで考えてみてください。土地を売却しようとする際に、買い手は容易に見つかるでしょうか。

以上のことから、

$$\text{貨幣 ＝ 現金 ＋ 預金} \tag{1}$$

であることが確認できました。この（1）式で表される貨幣の総額を、経済学では**マネーストック**と呼んでいます。

ポイント

> ●貨幣とは流動性の高いものとして定義され、現金と預金の合計で表す。

4.2　貨幣の役割

　貨幣には3つの重要な役割があります。1つ目は、すでに確認したように、貨幣があることで買い物がスムーズにできるという「決済手段としての役割」です。2つ目は、貨幣は蓄えができるため、資産形成の有力な手段になるという「貯蓄手段としての役割」です。3つ目は財やサービスが取引される際に、円やドルなどの通貨単位で価格が表示できるという「価値尺度としての役割」です。本節では、これらのなかでも特に重要な「決済手段」と「貯蓄手段」の2つの役割について、詳しく検討してみます。

■お金があれば欲しいモノが直ちに買える

　人生、お金がすべてではありません。どんなに大金をはたいても手に入れることができないものはたくさんあります。しかし、財やサービスといった、企業などが生産するものについては、お金で買うことができます。では逆に、世の中にお金が存在していなかったらどうすればよいのでしょうか。この場合、**物々交換**

によって欲しい物を手に入れることになります。しかし、この物々交換はとても不便なのです。

いま、ある島にAさんとBさんが住んでいたとしましょう。Aさんは海で魚を採って、Bさんは山でイノシシを捕って暮らしています。

Aさんは毎日魚を食べていましたが、ある日、「山の物を食べてみたい」と思うようになりました。これに対して、Bさんは毎日肉を食べていましたが、「たまには魚を食べてみたい」と思うようになりました。このような二人が、互いの持ち物を携えて島の中で出会うことができれば、物々交換は可能です。二人はそれぞれ手にしていた肉と魚を交換することで、欲しい物を手に入れることができるでしょう。

ところが、山のものが食べたいと思っていたAさんでしたが、それが肉ではなく「木の実」だったらどうなるでしょうか。この場合、Bさんは手持ちの肉と引き換えにAさんの魚を手に入れることはできません。したがって、残念ながら物々交換は成立しないでしょう。

以上の話をもとに、物々交換が成立する条件を考えてみます。図4-1では、物々交換が成立する場合と成立しない場合とを、第2章で学習した需要と供給という観点からまとめています。

この表をよく見ると、物々交換が成立するケース（図4-1の左側）では、表の対角線上に同じ言葉が並んでいることがわかります。「肉」と「肉」、「魚」と「魚」です。これに対して、交換が不成立なケースでは、対角線上に異なる言葉が並んでいる部分があります。「肉」と「実（木の実）」です。2つの対角線上に同じ言葉が並ぶ場合、「自分の欲しい物を相手が持っている」ということと、「相手の欲しい物を自分が持っている」という2つの条件が成立していることになります。このとき、物々交換が成立するのです。これに対して、交換が不成立のケースをAさんの視点で考えると、相手の欲しい「魚」は持っていますが、自分の欲しい「木の実」を相手は持っていないのです。

以上のことから、物々交換が成立するためには図4-1の2つの対角線上に同じ言葉が並ぶこと、つまり、上述の2つの条件が満たされなければならないことがわかります（図4-2）。これを、経済学では**欲望の二重の一致**（double coincidence of wants）と呼んでいます。

しかし、この二重の一致が成立することはとても困難です。このことを、確率

図4-1　物々交換が成立するケースとしないケース

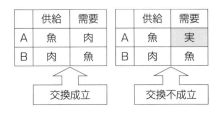

図4-2　欲望の二重の一致

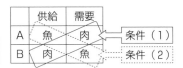

（1）自分の欲しいものを相手が持っている

（2）相手の必要なものを自分が持っている

を使って説明してみます。いま、「すべての人にとって、出会った相手が自分の欲しいモノを持っている確率が1/4である」状況を考えてみましょう。これは、欲望の二重の一致条件のそれぞれが1/4の確率で成立することを意味しています。この確率自体は、決して低い値ではないかもしれません。しかし、物々交換が成立するためには、欲望の二重の一致という、2つの条件を同時に満たす必要があります。したがって、その確率は

$$\frac{1}{4} \times \frac{1}{4} = \frac{1}{16}$$

です。つまり16人と交渉してようやく交換が成立するといったイメージですので、かなり大変であることが理解できます。

　では、この島に「貨幣」が登場したらどうなるでしょうか。貨幣があれば、図4-1の「交換不成立」の場合でも、欲しいモノを手に入れることが可能になります。まず、Bさんの欲しい「魚」をAさんは持っていますので、Bさんは貨幣と魚を交換します。次にAさんは、島の中で「木の実」を持っている人を探します。その人に貨幣を支払い、木の実を手に入れればよいのです。

　貨幣が存在する場合、交換できる確率は1/4です。つまり、4人に1人は自分の欲しい物を持っており、そのような人を見つけるだけで交換が成立するのです。

物々交換のケースと比較すると、飛躍的に取引が容易になることがわかります。

　ところで、現代は高度な分業社会です。分業によって生産を高めることができると指摘したのはアダム・スミスですが、その分業が可能な条件は貨幣が存在することです。このことを理解するために、経済学者のSさんが、物々交換の世界で生きていけるかを考えてみましょう。Sさんが肉を食べたいと思ったら、「Sさんの経済学の話を聞きたいと思っている肉屋」を探さなければなりません。また、魚が食べたければ「Sさんの経済学の話を聞きたいと思っている魚屋」を探す必要があります。そのような相手を見つけることは極めて難しいでしょう。

　ではなぜ、現代社会でSさんが経済学者でいられるのでしょうか。もう、その答えはわかりますね。貨幣があるからです。このように、貨幣は今日の分業社会を支えるとても重要な発明品なのです。

■お金があれば上手に資産運用できる

　もし、あなたが100万円持っていたらどうしますか。そのお金は今すぐに使うお金ではないとします。この場合、資産運用を考える人は多いでしょう。できれば100万円を元手にもっと増やしたいところです。ところで、一口に資産運用といっても、様々な選択肢があります。代表的な運用手段は株式投資です。株価が安いときにある企業の株を買って、その後値上がりした時点で売却できれば、差額分の利益を得ることができます。これを**キャピタル・ゲイン**（capital gain）と言います。さらに、経営状態が良好で黒字決算が続いている企業の株式を長期保有すれば、配当（企業の利益から株主に分配されるお金）や株主優待券などを受け取ることができます。

　ところが、株式投資ではこのようにいいことばかりが続くわけではありません。株を購入した後に、株価が大きく下落し、いつまでたっても元の株価に戻らないこともあるでしょう。その場合、その株には見切りをつけて売却するか、売却を断念し、長期にわたり配当金の収益だけを期待するかの選択をしなければなりません。見切りをつけて売却する場合、損失が確定してしまいます。これを**キャピタル・ロス**（capital loss）と言います。また、企業の経営状態が悪化し、決算が赤字に転落すれば、配当も出ません。

　このように、株式投資には手持ち資産の100万円を大きく増やせる可能性がある一方で、株価が下落した場合には、資産は数十万円に減少してしまう場合もあ

コラム　ロックンローラーな経済学者ランダル・ライト

「人々はなぜ貨幣を用いるのか」、これは経済学の重要な課題の1つですが、近年では、この問題に対する考え方が大きく変わってきています。その立役者がウィスコンシン大学マディソン校教授のランダル・ライト（Randall Wright）です。彼はプリンストン大学教授の清滝信宏（きよたきのぶひろ）氏と共同で、全く新しい貨幣理論を構築しています。一期一会という人々の出会いの中、どのような条件のもとで物々交換経済や貨幣経済が成立するのかを、サーチモデルに基づいて説明することに成功したのです。

　ライトはその新しい貨幣理論に対する高い注目度のため、招待講演や学会発表で世界各地を飛び回っているのですが、そこでは彼のもう一つの顔を見ることができます。壇上にはスーツにネクタイではなく、長髪（もちろん金髪）で耳にはピアス、革のパンツで登場し、その出で立ちはまるでロックンローラーです。実は、彼は The CONTRACTIONS（コントラクションズ）という、全員が著名な経済学者からなるロック・バンドの中心メンバーでもあるのです。もちろん、講演後は場所を移して彼らのコンサートが始まります。学会に出席したヒマな経済学者が大勢参集し、深夜まで盛り上がります。これまでに彼らのコンサートは世界各地で実施され、CD も出ています。

　このように一見不真面目な彼らの研究者魂を垣間見るのは、コンサートの翌日です。なんと早朝から学会の会場に全員が顔をそろえているのです。私もびっくりの，まさにタフな連中です。

☆ The CONTRACTIONS のウェブサイト
http://contractions.marginalq.com/

図4-3 資産運用の種類と特徴

	利息・配当	リスク
株・債券	もらえる	高い
貨幣	もらえない	低い

るのです。特に、株価が日々変動することで、儲かるかもしれないし大損するかもしれないのですが、このことを経済学では**リスク**という言葉で表現します。リスクの程度は、「価格の変動幅（ボラティリティー）」の大きさで測ります。ある金融商品の価格の変動幅が大きい場合、その金融商品は「リスクが高い」、変動幅が小さい場合は「リスクが低い」と言います。日常会話では損失を被りそうな場合に使いますが、経済学では予想外に大儲けする可能性のある金融商品のリスクも、高いことがわかります。

　ここまで株式投資の特徴について説明しましたが、これと類似した資産運用の手段に債券投資があります。債券とは日本国債、地方債、社債などの総称で、いずれも「借金証書」です。これら債券も、株式と同様に市場で売買されており、日々債券価格が変動しています。したがって、債券価格が安いときに購入し、値上がりした時点で売却すれば利益が得られます。さらに、債券を長期保有すれば、クーポン（利札（りさつ））に記された利息を受け取ることができます。以上の話をまとめると、株式・債券投資による資産運用では、配当や利息が受け取れる一方で、価格が変動するという意味で高いリスクを有していることがわかります（図4-3）。

　これに対して、あえて株や債券には手を出さず、100万円の資金を貨幣のまま保有し続ける場合も考えられます。貨幣の形で資産を保有し続ける場合、利息や配当はありませんが[4]、100万円はいつまでたっても100万円ですので、価格変動のリスクは限りなく低いこともわかります。

　ここまで、株や債券と、貨幣の違いを見てきました。これらには対照的な性質がありますので（図4-3）、あるときは株や債券で資産の多くの割合を運用し、またあるときは資産の多くを貨幣で保有する、ということが、上手な資産運用に

4）貨幣には預金が含まれますが、預金の利子率は低いため、その利息は無視しています。

なります。具体的には、株価や債券価格が安く、今後景気回復とともに価格が上昇しそうな場面では、資産の多くの割合を株や債券で運用した方がよいでしょう。そして、実際に株価や債券価格が上昇し始めたら、弱気な人（もうこれ以上株価は上昇しない、と考えている人）から株を売却すると考えられます。そして、株価がさらに上昇すると、強気な人までもが株や債券から貨幣に資産保有の形態を変更することになるでしょう。つまり、株価が上昇し、その後の値下がりの可能性が高まるにつれ、安全確実な資産運用の手段である貨幣での運用が重要視されるようになるのです。このように考えると、貨幣も資産運用の有力な選択肢の一つであることが理解できます。

ポイント

- 貨幣の機能には決済手段と貯蓄手段がある
- 物々交換が成立するためには欲望の二重の一致が満たされなければならないが、貨幣があればこの条件が成立しなくても取引ができる。
- 人々は株や債券の変動リスクを回避したいとき、特にこれから株価や債券価格が下落すると予想するとき、貨幣で資産を運用しようとする。

4.3　貨幣は誰が発行しているの？

　これまでは貨幣の役割という観点から、貨幣はどのような場面で必要とされるのか、言い換えると需要されるのか、を学びました。次に、貨幣の供給側に注目してみましょう。(1) 式で学んだように、貨幣は現金と預金からなります。そこで本節では、まず貨幣の供給と深い関係を持つ日銀の役割について学習し、そのうえで、現金の供給と預金の発生について考えます。

■日本銀行の役割

　中学や高校で学習したように、日銀には「銀行の銀行」、「政府の銀行」、「発券銀行」という 3 つの役割があります。

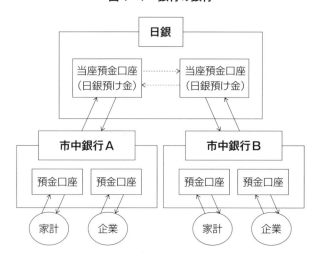

図4-4　銀行の銀行

日銀

当座預金口座
（日銀預け金）　------>　当座預金口座
（日銀預け金）

市中銀行A　　　　　市中銀行B

預金口座　預金口座　　　預金口座　預金口座

家計　　企業　　　　家計　　企業

【銀行の銀行】

　私たちは日銀に銀行口座を持つことはできませんが、市中銀行は当座預金の口座を日銀に開設しています。この口座に市中銀行が預けているお金を**日銀預け金**と言います。市中銀行は、家計や企業からの預金が発生した場合、最低でもその預金の一定比率（**預金準備率**）の金額を、日銀にある当座預金口座に預け入れなければいけない決まりがあります（**準備預金制度**）。他の金融機関への振込みなど、市中銀行同士のさまざまな金融取引は、この当座預金を通して決済がなされます。以上の様子を図示したものが**図4-4**です。図中の矢印はお金の流れを示しており、特に点線の矢印は金融機関同士の決済を示しています。また、日銀はこの当座預金口座を通じて市中銀行への貸出も行っています。

　2001年から、日銀はそれまでの金利政策に代えて日銀の当座預金の残高を一定水準まで増加させるという、**量的緩和政策**を採用しています。

【政府の銀行】

　政府は国民との間で税金の受け入れや公共事業・年金の支払いといったお金のやり取りを行っています。これらのやり取りは、日銀が管理する政府の預金口座で行われるのです[5]。また、政府が発行する国債の入札業務や元利金の支払い業

務も日銀が行っています。

　なお、日銀が管理している政府の預金口座を使って、政府が直接日銀から借金をすることは法律で禁止されています。このため、日銀は政府に対して貸出を行っていませんし、政府が発行する国債を直接引き受けることもできません。

【発券銀行】

　1万円札などの紙幣を観察すると、「日本銀行券」の文字が印刷されていることがわかります。日銀は我が国の紙幣を独占的に発行できる、唯一の機関です。印刷された紙幣は日銀の金庫に保管され、その後、市中銀行を経由して世の中に出回ります。世の中で使用された紙幣は、その一部が市中銀行を経由して日銀に戻ってきます。この時、流通に適さない紙幣は廃棄されます。現在では、一万円券、五千円券、二千円券、千円券の4種類の紙幣が発行されています。

■現金の供給

　上記の紙幣のうち、実際に世の中に出回っている部分を「現金」と言います[6]。この現金と、市中銀行が日銀に預けている「日銀預け金」の合計額を、経済学では**マネタリーベース（もしくは、ベースマネー、ハイパワードマネー**）と呼んでいます。

$$\text{マネタリーベース} \ = \ \text{現金} \ + \ \text{日銀預け金} \qquad (2)$$

　現金は、日銀の「発券銀行」と「銀行の銀行」という役割を通じて世の中に供給されていきます。たとえば、市中銀行が保有している国債を日銀が購入した場合、その代金は日銀の中にある市中銀行の口座に振り込まれます。その結果、日銀預け金が大きくなり、マネタリーベースが増えます。そこで、市中銀行が日銀預け金からお金を引き出せば、日銀預け金は減少しますが、市中銀行の手持ちの現金が増えることになります。この現金が銀行の貸出業務を通じて、世の中に出

5）日銀が管理する国のお金を「国庫金」と言います。日銀に口座を持てない私たちも、交通
　違反の反則金を支払う場合には、国庫金の納付となるため、直接日銀の窓口に行って納める
　ことができます。

6）日銀の金庫に保管されている紙幣は世の中に出回っていませんので、「現金」には該当しま
　せん。

ていくのです（関連項目「量的緩和政策」）。

このように、日銀が市場（公開市場）を介して市中銀行が保有する国債や手形などを売買することを**オペレーション**（**公開市場操作**）といいます。特に、市中銀行が保有している国債などの資産を日銀が購入することを、資金供給オペレーション、逆に、売却することを資金吸収オペレーションと言います。日銀のオペレーションは、マネタリーベースの大きさをコントロールする最も有力な手段です。

■預金の創造

日銀から市中銀行に提供された「現金」は、その何倍もの大きさの「預金」を生み出します。そのメカニズムをこれから説明しますが、その前に、市中銀行の基本業務を確認しておきましょう。それは、家計や日銀などから低い金利で「現金」を集めてきて、それを高い金利で誰かに貸し出すということです。その際の金利差で市中銀行のもうけを出しています。このことを念頭に置いて、以下の話を読んでください。

いま、日銀の資金供給オペレーションによって、市中銀行の手元に100万円の現金が供給されたとしましょう[7]。すると、市中銀行はその現金を誰かに貸し出そうとします。ここでは、中小企業の社長のAさんにその100万円を貸し出したとしましょう。すると、Aさんはそのお金を自分の銀行口座に預け入れます。このとき、100万円の預金が発生します。

銀行にしてみれば、100万円の現金を再び入手できたことになります。そこで、銀行はその100万円をさらに貸し出そうと考えます。しかし、100万円をまるまる別の人に貸し出してしまうと、Aさんが預金のうちのいくらかを引き出しに来たときに対応できません。また、預金が発生すると、その一部は日銀預け金として日銀の口座に預ける必要があります[8]。つまり、銀行は預金が発生すると、預金

7）正確には、日銀の資金供給オペレーションにより、市中銀行の当座預金である「日銀預け金」が増加します。その増加した当座預金から現金を引き出すことで、市中銀行の手持ちの現金が増加します。

8）すでに学習したように、日銀預け金は、最低でも一定水準以上を預け入れるという決まりがあります（準備預金制度）。その水準は、預金額×法定準備率で求められます。法定準備率は日銀が設定します。したがって、預金が発生すると、それに比例して必要な日銀預け金も大きくなります。

図4-5　マネタリーベースの供給と信用創造

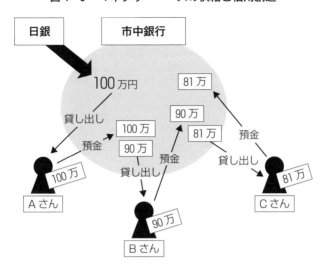

　の一定割合の現金については、それらの支払い準備のために貸し出すことはできないのです。いま、預金のうち貸し出せない割合が10%だとすれば、100万円の預金が発生した場合、10万円は手元（一部は日銀の当座預金）に残しますが、90万円は貸し出せるのです。

　そこで、そのお金を、別の会社社長であるBさんに貸し出したとしましょう。すると、Bさんも自分の銀行口座にそのお金を入金します[9]。その結果、今度は90万円の預金が発生することがわかります。

　この時点で100＋90＝190万円の預金が生じています。このプロセスをさらに繰り返していけば、最終的には1000万円の預金が発生することが確認できます[10]。したがって、この例では、日銀が100万円の現金を市中銀行に供給することで、現金と預金の総額で表されるマネーストックは1100万円増加することがわかりま

9）ある企業が取引先にお金を支払う必要があるために銀行から融資を受ける場合、貸し出されたお金は取引先の預金口座に送金されます。この場合は取引先の預金が増加することになります。

10）「無限等比級数の和の公式（初項 ÷ （1 － 公比））」から、初項が100, 公比が0.9である無限等比級数は $100+0.9 \times 100+(0.9)^2 \times 100+\cdots = 100 \div (1-0.9) = 1000$ となります。

す。このメカニズムを、銀行の**信用創造**と言います（図4-5）。

ポイント

> ● 現金の供給は日本銀行が資金供給オペレーションで行っている。
> ● 預金は銀行の信用創造というメカニズムにより生み出されている。

【読書案内】

翁邦雄（2013）『日本銀行』（ちくま新書）、筑摩書房

　日銀OBで金融政策の第一人者である翁氏が、日銀とはどのような組織なのかを、その歴史からひも解き、わかりやすく解説しています。さらに、デフレ脱却の議論は、例え話を用いて初学者でも容易に理解できるように構成されています。終盤では黒田日銀総裁による「異次元緩和政策」や安倍政権の「アベノミクス」について、興味深い議論を展開しています。

第5章 | 財政と税

この章では、税が国の運営の根幹をなしていること、したがって憲法に国民の納税の義務がうたってあることをまず確認した上で、税制と国の財政運営は表裏一体であることを学びます。日本の税制の変遷と財政状況の悪化の現状も直視します。重要な概念である基礎的財政収支の意味を詳しく学びます。

5.1 高校の「政治・経済」で学んだこと

憲法というと、みなさんはおそらく第9条の戦争放棄と戦力を保持しないという条文を思い出すでしょうが、実は憲法は税や財政の基本についてもうたっているのです。重要な条文だけあげておきましょう。

第30条　国民は、法律の定めるところにより、**納税の義務**を負ふ。

第84条　あらたに租税を課し、又は現行の租税を変更するには、法律又は法律の定める条件によることを必要とする。

第86条　内閣は、毎会計年度の予算を作成し、国会に提出して、その審議を受け議決を経なければならない。

国家の財政権の行使を憲法に基づかせ、国民の権利・自由、財産を国家権力から保障する「**財政民主主義**」の理念を明記したものです。財政民主主義とは、国民の代表機関（国会）が国家の収入・支出を統制し、国民の代表機関が課税を決定することです。封建時代のように時の権力者が勝手に税を決めたりしてはいけないのです。税は国家の基本であり、国会議員の最も重要な役割は税についての法律をつくることと、その税金の適切な使用です。国民は税を納めることで、国

家を統制するのです。納税に基づく国民主権といってもいいでしょう。

高校の教科書では租税と財政の項目で次の4点から整理してあります。(1) 財政の果たすべき役割 (2) 租税の種類 (3) 望ましい租税制度 (4) 日本の財政の課題。みなさんは本章の基本的な部分を高校で学んだと思います。大学では主に「財政学」で税のことを学びますが、高校との違いは単に覚えるのではなく、経済理論に基づいて議論することです。

5.2 国の予算

毎年12月下旬に来年度の予算案が決まり、新聞等で大きく報道されます。政府の1会計年度における収入を**歳入**、支出を**歳出**とよび、歳入と歳出の計画を**予算**といいます。**会計年度**は日本の場合、4月から始まり翌年の3月で終わる1年間です。定義から歳入と歳出は必ず等しくなります。予算は一般会計予算、特別会計予算、政府関係機関予算の3つに分かれます。メインは公共事業や社会保障など政府の一般行政にかかわる財政活動を扱う**一般会計予算**です。国が特別の事業を営む場合、あるいは特定の収入をもって特定の歳出にあてる場合は**特別会計**を設けます。2020（令和2）年度現在13の特別会計があります。例えば、外国為替資金特別会計、財政投融資特別会計、東日本大震災復興特別会計などです。政府関係機関は全額政府出資の法人で予算が国会の議決の対象になる機関です。以前は住宅金融公庫などがありましたが、2020（令和2）年度現在では5機関に減っています。沖縄振興開発金融公庫、株式会社日本政策金融公庫、株式会社国際協力銀行、独立行政法人国際協力機構有償資金協力部門、株式会社商工組合中央金庫です。

閣議決定された政府の予算案は**通常国会**で審議され国会の議決を経た上で成立します。国会の審議の過程で若干の修正はありますが、与党が衆議院で多数を占めている場合は、予算案がほぼそのまま予算となることが多いのです。予算については衆議院の**先議権**（先に議決する）と参議院に対する**優越権**が憲法（60条）で規定されているからです。

予算は当該年度開始の4月1日前に成立することが通常の形で、これを**本予算**（当初予算）といいます。年度開始までに国会の議決が得られず本予算が成立しない場合に、本予算成立までの必要な経費のために編成するのが、**暫定予算**です。

図5-1　一般会計予算、歳入と歳出

2020年度一般会計予算：歳入

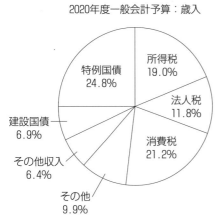

2020年度一般会計予算：歳出

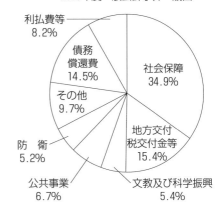

出所：財務省

本予算が成立すれば暫定予算は本予算に吸収されます。本予算の執行中に天変地異や経済の悪化などの予想外の展開が生じたときに本予算の内容を変更するのが**補正予算**です。

　一般会計予算の総額102兆円（以下2020年度の例）のうち、実際に政策に使える項目が**政策経費**で、社会保障費からその他までの項目（**図5-1**の歳出参照）の合計であり、79兆円です。どの程度の規模かを判断する基準として日本のGDPは約500兆円であることを頭に入れておくとよいでしょう。歳出の主要項目の1つである**地方交付税交付金**は、地方自治体に配分されて、地方自治体の主要な収入源となります。

　歳入面について、一般会計102兆円のうち税収64兆円でまかなえているのは62％です。一般会計のうち32％は32兆円の国債発行でまかなっており、これが**国債依存度**です。税金6割と赤字国債3割の主な2つで歳入を構成しているのが日本の現状です（**図5-1**の歳入参照）。

　政府が税収でなく債券の発行（有償資金、財投債）で金融市場から調達した資金などを財源として、民間では困難な大規模プロジェクトや民間金融では困難な長期資金の供給を必要とする投融資を行うのが**財政投融資**です。一般会計予算の約1割にも相当し**第二の予算**とも呼ばれています。予算とともに国会に提出され承認を受けます。財政投融資の財源は、以前は郵便貯金や厚生年金・国民年金の

積立金が使われていましたが、2001年の改革で**財投債**発行により自主運用されることになりました。

　2020年度予算の歳入と歳出のデータから**基礎的財政収支**（プライマリーバランス）を計算して、確認しておきましょう。基礎的財政収支は、歳入から新規国債発行額を除いた歳入総額（税収や税外収入）から、国債費を除いた政策経費を引いて算出します（図5-1）。

新規国債発行額を除いた歳入総額＝所得税＋法人税＋消費税＋その他＋その他収
　　入＝70兆1,018億円

歳出の政策経費＝社会保障費＋地方交付税交付金等＋文教及び科学振興費＋公共
　　事業費＋防衛費＋その他＝79兆3065億円

基礎的財政収支＝70兆1,018億円－79兆3,065億円＝－9兆2,047億円（赤字）

ポイント

- ●政府の予算を一般会計予算という。収入が歳入、支出が歳出であり、両者は等しい。

5.3　赤字公債の法的根拠と残高の推移

　国や地方公共団体は歳出を租税でまかなえない場合、**公債**（国債、地方債）を発行して、不足資金を補うことができます。これは**財政法**で規定されています。

財政法　第4条　国の歳出は、公債又は借入金以外の歳入を以て、その財源としなければならない。但し、公共事業費、出資金及び貸付金の財源については、国会の議決を経た金額の範囲内で、公債を発行し又は借入金をなすことができる。

　2　前項但書の規定により公債を発行し又は借入金をなす場合においては、その償還の計画を国会に提出しなければならない。

　3　第一項に規定する公共事業費の範囲については、毎会計年度、国会の議決を経なければならない。

第5条　すべて、公債の発行については、日本銀行にこれを引き受けさせ、又、借入金の借入については、日本銀行からこれを借り入れてはならない。但し、特

図5-2　公債発行額と公債依存度

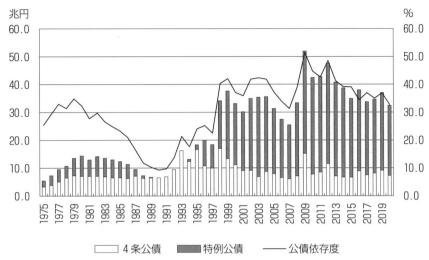

出所：財務省「我が国の財政事情」2019年12月

別の事由がある場合において、国会の議決を経た金額の範囲内では、この限りでない。

　公債の発行が大きな割合を占めると財政の硬直化をまねいたり、将来世代に重い負担をしいることになるので公債発行に歯止めをかけています。

　日本政府が最初に赤字公債を発行したのは1964年の**東京オリンピック**後の1965年不況時です。形の上では財政法による**特例公債**でしたが、実質的には**建設国債**（財政法４条による国債なので**４条公債**ともいう）でした。本格的に赤字国債が発行されたのは第１次石油危機後の1975年からで、バブル景気による1990から1993年度を除き、年度ごとに特例法による特例公債が発行され続けました（図5-2）。2013年６月に「**国の借金**」（赤字公債と政府借入）は初めて1,000兆円を突破しました。人口推計（当時の１億2,735万人）をもとに単純計算すると、国民１人あたり約792万円の借金を抱えている勘定になります。日本の財政赤字が大きく拡大したのはバブル崩壊後の1990年代以降です。

　税収面からみると、バブル崩壊後成長率と所得の低下により、所得に依存する傾向の強い**所得税**と**法人税**の税収が大幅に低下しました。1989年度から景気に左

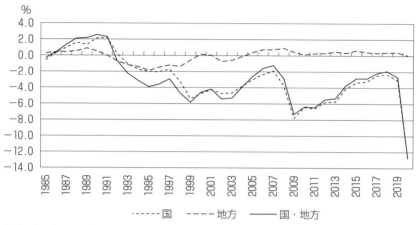

図5-3　国と地方の基礎的財政収支（対 GDP 比率）

```
％
4.0
2.0
0.0
-2.0
-4.0
-6.0
-8.0
-10.0
-12.0
-14.0
    1985 1987 1989 1991 1993 1995 1997 1999 2001 2003 2005 2007 2009 2011 2013 2015 2017 2019
```

‥‥‥‥国　‥‥‥地方　————国・地方

出所：内閣府、中長期の経済財政に関する試算

右されにくい**消費税**が導入され直接税の減少分をカバーしようとしましたが、税収の合計は歳入の約 6 割です。1997年には国内では**不良債権問題**により銀行や証券会社が倒産し、海外では**アジア通貨危機**が発生、2008年には**リーマン・ショック**が発生しました。他方、歳出では年金、医療、福祉、介護、生活保護などの社会保障給付が急増しました。税収不足を埋めるために特例公債の発行が膨張してきました。政府がこれまで大量に財政赤字を発行できたのは、大半が日本国内で消化され海外の保有は12.8%（2019年末）であるということもあります。

　日本の基礎的財政収支は、1992（平成 4）年度から赤字が続いています（図5-3）。政府は2010年 6 月の閣議決定「財政運営戦略」で、国と地方をあわせた基礎的財政収支の赤字（対 GDP 比）を2015年度までに半減し、2020年度までに黒字化させるとしました。国単独の基礎的財政収支についても同様に赤字（対 GDP 比）を2015年度までに半減し、2020年度までに黒字化させることを目標にしていました。これは国際公約となっていましたが、目標は達成できず2025年まで先送りされました。

図 5 - 4　債務残高の国際比較（対 GDP 比、%）

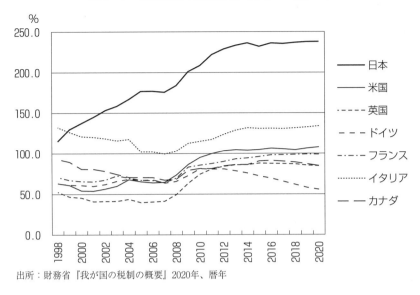

出所：財務省『我が国の税制の概要』2020年、暦年

ポイント

●日本が初めて赤字公債を発行したのは東京オリンピック後の不況の1965年
であり、第1次石油危機後に本格的に赤字公債が発行された。

5.4　日本の税制の変遷と特徴

　戦後の日本の税制は、連合国最高司令官の要請で1949年5月に来日した米のシャウプ博士を中心とする使節団による報告書である**シャウプ勧告**に基づいて形成されました。その特徴は、国税の中心に所得税と法人税をすえる**直接税**中心の総合累進課税制度でした。民主主義における地方自治体の役割を重視し、その裏づけとなる財源として**住民税**と**固定資産税**を**市町村税**としました。地方自治体の財源格差の調整のため**平衡交付金制度**を提案しました。これは1954年に現在の**地方交付税交付金制度**に移行しました。納税の自覚と意識を高めるために導入された**青色申告制度**もシャウプ勧告に基づいています。

直接税中心の日本の税制が大きく軌道修正を図ったのが、1988年12月の税制改正です。所得税、法人税、相続税、贈与税の負担を軽減し、間接税である**一般消費税**の創設です。1989年4月には消費税は税率3％でスタートし、1997年4月には5％に、2014年には8％、2019年10月には10％に引き上げられました。高度経済成長から安定成長、低成長の時代に移るにつれ、直接税中心の税体系では税収を確保することが難しくなってきたことがあります。消費税のような広い課税ベースの税収に依存する必要が生じてきました。直接税と間接税の比率である**直間比率**は、直接税の割合が低下するにつれ逆に間接税の占める割合が増加しつつあります。

　最近では法人税の国際間の相違が問題点として登場しています。世界を舞台に活動している企業にとって、国境はないにも等しい存在で、できるだけ税率の低い国あるいは地域に会社を登録して、合法的に税負担を軽くしようとします。各国政府も企業を国内に留めておくために法人税率引き下げを競うようになっています。法人税の実際の税率である**実効税率**の国際標準は20％台半ばです。日本でも近年、法人税率を引き下げ実効税率は29.74％（2020年1月現在、財務省）まで低下しています。なお、2012〜2014年度までは東日本大震災の復興財源として「**復興特別法人税**」がかかりました。他方、企業は赤字経営の場合法人税を支払う必要がないという側面があり、日本で法人税を支払っている企業は全体の約3割にすぎないという問題もあります。なお、法人実効税率を1％下げると、4,000億円の税収減があるといわれています（財務省試算）。

■超過累進課税方式の仕組み

　日本の**所得税率**は、2020年現在5〜45％の7段階に簡素化されています。所得195万円までは税率5％、330万円まで10％、695万円まで20％、900万円まで23％、1,800万円まで33％、4,000万円までは40％、4,000万円以上は45％です。所得税の計算は、**超過累進課税方式**に基づいています。

　例えば、課税される所得が400万円の場合の税額を計算してみましょう。超過累進課税方式では、400万円に20％の税率が課されるのではなく、195万円までは5％の税率が、それを超えた330万円までは10％が、さらにそれを超える残り70万円分についてのみ20％の税率が適用されます。

$$195 \times 0.05 + (330 - 195) \times 0.1 + (400 - 330) \times 0.2 = 9.75 + 13.5 + 14 = 37.25万円$$

図 5 - 5　消費税の図解

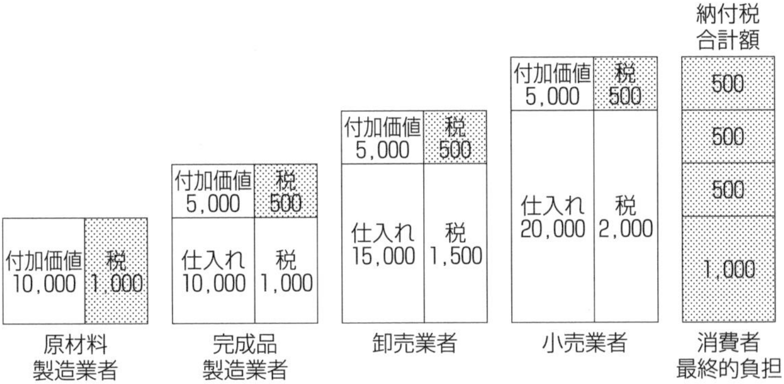

	原材料 製造業者	完成品 製造業者	卸売業者	小売業者	消費者 最終的負担
付加価値額	10,000	5,000	5,000	5,000	25,000
仕入れ額		10,000	15,000	20,000	
税抜価格	10,000	15,000	20,000	25,000	
税込価格	11,000	16,500	22,000	27,250	
消費税納付額	1,000	500	500	500	2,500

注：財務省のサイトを参考に作成

■日本の消費税の仕組み

　日本の**消費税**は、基本的な性格は欧州で広く行われている**付加価値税**（VAT: value added tax）と同型です。原則としてすべての財・サービスの国内における販売を課税対象にし、生産・流通・販売等の全段階で、納税義務者である事業者は、その付加価値に対して消費税率を乗じた額を納付します。言い換えると、事業者は売上に係る税額から仕入れに係る税額を控除（差引）し、その差額を納付します。各段階で納付された税は最終的には消費者が購入した財・サービスの価格に消費税として上乗せされ、消費者が税を負担します（**図 5 - 5 参照**）。図解の例では、消費者が購入する商品の税抜価格25,000円の10％の消費税2,500円を負担し27,500円を支払います。消費税の2,500円は原材料業者が納付した1,000円＋完成品業者が納付した500円＋卸売業者が納付した500円＋小売業者が納付した500円と合致しています。各事業者は、納付した税は次の事業者に順々に**転嫁**しているので税は負担していません。なお、税抜き売上高が1,000万円以下の小規模零細事業者は帳簿の整理等の納税事務負担を考慮して納税義務が免除されています。そのような事業者に消費者が支払った消費税は「**益税**」としてその事業者

の手元に残るという問題があります。また、消費税の問題として指摘されるのは低所得者の所得に対する税の割合が高くなる**逆進性**です。

　どのような税制度が好ましいかについては、**税の3原則**が知られています。公平（所得分配の、水平的公平、垂直的公平）、中立（資源配分の効率）、簡素の3つです。水平的公平とは、同じ税負担能力のある人は等しい税負担をすること、垂直的公平とは、租税負担能力の大きな者（高所得者）がより大きな税負担をするべきであるとする考え方です。中立とは経済の資源配分の効率性に影響を与えないということです。簡素とは徴税負担が大きくならないことです。直接税、間接税それぞれについて長所、短所がありすべてを満たすことはできないので、最終的には国民がどのような税制を望むかによって決められることになるでしょう。それが財政民主主義ということです。

ポイント

> ● 日本の消費税は付加価値税であり、1989年に3％で導入された。1997年には5％、2014年には8％、2019年には10％に引き上げられた。

5.5　基礎的財政収支のバランスが重要な理由

　基礎的財政収支（プライマリー・バランス）の前に、まず財政赤字とは何かを確認しておきましょう。政府の収入を歳入、支出を歳出と呼びます。歳入の基本は税金です。各年の歳出をすべて税収でまかなうのが**均衡予算**（主義）です。税収が不足して、歳出を税金だけでまかなえないとき、政府は国債（公債）を発行して、税収不足分を埋めます。この状態が**財政赤字**であり、その国債を**赤字国債**（公債）と呼びます。なお、歳出と歳入はおおまかに整理すると、それぞれ次のような項目から成っています。歳出での国債費は、これまで発行してきた赤字国債の元本の償還と利子支払いの費用です。いわば国の借金の返済分です。

$$歳出　=　（一般歳出＋地方交付税）＋国債費 \qquad (1)$$
$$歳入　=　税収＋公債金収入 \qquad (2)$$

　長期的に国の財政は破綻するのか、しないのかを判断するときに登場するのが

図 5-6　基礎的財政収支の図解

	PB	
歳　出	国 債 費	一 般 歳 出 等
歳　入	公債金収入	税　収

基礎的財政収支の概念です。財政が破綻せず続いていくことを財政の「**持続可能性**」（サステイナビリティー、sustainability）と呼んでいます。基礎的財政収支は、「国債費を除いた歳出（一般歳出等）から税収を差し引いた収支を基礎的財政収支の赤字」と定義します。あるいは、「国債費を除く歳出と国債発行を除く歳入との差」と言っても同じことです。国債費とは債務償還費（国債という借金の元金の返済）と利払費（国債の利子支払い分）を足した値です。上の（1）と（2）式を元に簡単に図解しておきましょう。

図 5-6で、PB がプライマリー・バランス（基礎的財政収支）を表します。

基礎的財政収支　＝　税収等　－　一般歳出等

この場合は、一般歳出等が税収を超えていますから、基礎的財政収支は赤字状態です。図から、さらにわかることは、上で定義した基礎的財政収支は結局、

基礎的財政収支　＝　国債費　－　公債金収入

と一致することです。なお、基礎的財政収支は、通常は国と地方政府等を合わせた「一般政府」でとらえます。

　基礎的財政収支が均衡するとは、一般歳出等＝税収、あるいは同じことですが、国債費＝公債金収入が達成されることです。これらの等式のもつ意味は、現在世代の国民が負担する税金と、現在世代の国民が政府から受けるサービスの水準が一致することです。基礎的財政収支が赤字の状態は、現在世代の国民が将来世代に借金のツケを回すことになります。基礎的財政収支の赤字を長年続けていくと、公債残高が累増し、これまでに発行した赤字公債の償還（＝元本の返済）や利払いが行えなくなり、財政の破綻を招くことになります。

　税収の増加率が GDP の成長率とほぼ同じペースであることを前提とすると、財政が破綻するのは、税収の増加率（＝ GDP の成長率）よりも大きな値で公債残高が累積していくときです。この場合は、公債残高／ GDP 比率が無限大に発

散し、財政は破綻します。逆の場合は、公債残高／GDP 比率はある一定値に収束していきます。したがって、経済成長率と公債の利払いのための利子率の関係が重要になります。財政が破綻しないためには、GDP の成長率が利子率より小さくならないことが必要です。「GDP 成長率が利子率より小さくならない」ことを、**財政の持続可能性**（サステイナビリティー）の条件（あるいは**ドーマーの条件**）と呼びます。基礎的財政収支を赤字から均衡にもっていくには、定義から明らかなように、毎年の一般歳出等を減らすか、税収を増やすか、あるいはその両方を同時に行うしかありません。

　なお、基礎的財政収支がバランスしているときは、国債費のうちの債務償還費に使われる部分の国債発行額は債務残高の増加にはつながりませんが、利払費に使われる部分の国債発行額は債務残高を増加させます。この部分をとめるためには利払費を含めた収支を考慮する必要があり、それを**財政収支**といいます。財政収支＝税収等－一般歳出等－利払費＝債務償還費－公債金収入、となります。

ポイント

●財政赤字から脱却するには、まずは基礎的財政収支を均衡させること。基礎的財政収支を均衡させるとは、現在世代が将来世代に借金のツケを回さないこと。

5.6　増税の経済への影響

　増税が経済全体（マクロ経済といいます）に与える影響を分析してみましょう。減税の場合は増税のケースと逆になります。実は、付加価値税型の一般消費税と労働に対する一般的な所得税は、経済に与える効果は理論的には同等であることが知られています[1]。家計の現在から将来にわたる所得と消費の全体を考慮にいれます（予算制約といいます）。現在時点では、家計は所得を現在の消費と貯蓄にわけます。将来時点では貯蓄から得られる所得で将来の消費をまかないます。すると、生涯にわたる消費の価値の合計は、現在の労働所得に等しくなります。

1）井堀利宏（2013）『財政学　第 4 版』新世社、155 ページ参照。

貯蓄は、消費を現在と将来に振り分けるだけの役割を果たしていることになります。したがって、消費に課税することは、現在と将来の消費の手取りが少なくなることであり、労働所得の手取りが減ることと同じことになります。

　他方、消費税増税の場合は増税前に駆け込み需要が発生し、GDP を一時的に増加させ、増税後には逆に消費需要減少の反動が起こることが知られています。さらに、消費税増税は確実に消費者物価を上昇させることが観察されています。日本の場合消費税が 1 ％上がると、消費者物価は0.7%上昇するといわれています。全般的な物価上昇により総需要を低下させる効果も考えられます。また、財政再建のために増税するという目標が明確な場合は、長期金利が上昇することを抑制する効果があるので、投資環境にはプラスになります。

　なお、消費税を 1 ％引き上げると 2 兆7,000億円の税収増加があるといわれています（財務省試算）。

5.7　今後大学でさらに学ぶこと

　税や政府の行動は、大学では「財政学」、「地方財政論」、「租税論」などの科目でより詳しく学ぶことになります。財政学はミクロ経済学、マクロ経済学とともに公務員試験では必須科目となっているので、早い段階から学習していくことを勧めます。今後学ぶ項目を列挙しておきましょう。

　均衡予算　クラウディング・アウト　公共財　年金　リカード
　バローの中立命題（等価定理）　三位一体改革

コラム　熊本県の財政状況

　本文では、日本政府全体に関わる税制や財政事情を中心に学んできましたが、私たちが住み、生活している地方自治体の財政、予算、税収などはどうなっているのか気になりますね。先生、一つの例として、熊本県の状況を解説してくれませんか。まずは、最近よくニュースなどでも登場する「**ふるさと納税**」からお願いします。

Q：ふるさと納税ってどういう仕組みなのですか。

A：「ふるさと納税」は、2008（平成20）年度税制改正で導入され出身地や自分の好きな自治体に一定の限度内で寄付をすると、住民税などが軽減される国の制度なんだ。寄付金のうち2,000円を超える部分の金額が所得税と住民税から控除されるんだ。簡単にいえば、負担する金額は2,000円ということさ。2019年度の熊本県のふるさと納税件数は1,949件、寄付金総額は5億4,257万円だったんだ。2016年の熊本地震のときは、ふるさと納税が過去最大の7.9億円となったよ。多くの国民が応援してくれたんだね。熊本県の場合、寄付額1万円以上の人にはくまモングッズやデコポン、馬刺し、球磨焼酎などの県産品を贈っているのが特徴だね。寄付金の使途も教育や地域づくりなどと明確にされていて、県のホームページに公表されているよ。

Q：熊本県はふるさと納税では頑張っているけど、熊本県の財政状況はどうなっているんですか。

A：県の予算が歳入と歳出からなっているのは国の場合と同じだね。そして歳入と歳出の額は必ず同じになっている。2020年度1年間の予算7,155億円がどのように使われるのかを示すのが歳出、予算額をどのような収入でまかなうのかを示すのが歳入だね。歳入の基本は私たちが収める税金（県税23%、地方交付税29%など）だけど、それでは足りないので県の借金である県債（8.5%、赤字公債）を発行して補っているんだ。**地方交付税**は、私たちがいったん国に収めた税金（国税）が地方自治体に配分された部分だね。歳出をみると、税金等がどのような施策に使われているかがわかるよ。人件費が約25%と一番多いんだ。次は社会保障費である扶助費（15%）、次が公債費（約14%）、道路工事などの建設事業費（約11%）と続くよ。公債費は過去に県が発行してきた地方債（借金）の利子の支払いや元本償還への支出だよ。公債費の占める割合が大きくなりすぎると県民の生活や福祉向上に使える予算が少なくなり、自治体の本来の役割を狭めることになってしまうから注意が必要だね。

Q：熊本県の歳入のうちの税収はどうなっているんですか。

A：税収のうち大きな割合を占める税金をあげておこうか。まず最も多くを占めるのが**県民税**の30%（個人県民税約25%、法人県民税が約4%）。次が**法人事業税**（約23%）。3番目が**地方消費税**（約17%）。4番目が、自動車を保有していることで課される**自動車税**（約14%）。消費税は10%（2019年10月から）だけど、そのうち2.2%分が地方消費税として地方公共団体に配分されるんだ。次が軽油引取税。これは軽油（ディーゼルエンジンの燃料）を扱う業者に課されるんだが、結局は税金分は軽油の価格に上乗せされるから、軽油の購入者が負担することになるね。なお、**固定資産税**という有名な税金があるけど、これは**市町村民税**だから県税には入っていないことも覚えておこう。歳出と歳入の詳細は県のホームページで公開されているから後で見といてね。

Q：熊本県の予算や税収はわかったけど、熊本県の財政状況は全国的にみるとどうなんですか。

A：都道府県の財政状況の善し悪しを測る指標は、いくつかあるのだけれど、2つを紹介しておこうね。1つは**財政力指数**。基準となる収入額を支出額で割った値で1であれば収支がバランスしていることになり、1以下であれば収入が不足して財政力が弱いことを意味するんだ。1を超えると財政力が強いので国からの地方交付税は支給されないよ。熊本県の財政力指数は0.41で全国30位（2019年度）。全国平均は0.52。財政力指数で4つのグループに分けられるんだが、熊本県は0.4以上0.5未満のグループⅡに昇格しているね。

　もう1つの指標は、実質公債費比率。こちらも地方自治体の財政健全度をはかる指標だね。公債費（借金）の大きさを地方公共団体の財政規模に対する割合で表した指標で、**実質公債費比率**が18%以上になると、地方債を発行するには国の許可が必要になるんだ。この値が25%になると「財政健全化計画」を定めなくてはならなくなるよ。イエローカードかな。熊本県の実質公債費比率は2019年度で8.5%（全国7位、全国平均は10.5）と以前に比べると大幅に改善したね。2つの指標とも総務省のホームページで公開されているから、見ておいてね。最後に、みんなが住んでいる地元の市町村の財政状況などにも関心をもつといいね。いまは、ほとんどの地方自治体がホームペ

ージで予算等の情報を公開しているから、ネットにつながっているパソコン
があれば簡単にアクセスできるよ。

【読書案内】

田中秀明（2013）『日本の財政』中公新書

　少子高齢化を乗り切るために日本の財政をどのように立て直すべきかを論じています。
政府の歳出・歳入の中身の議論だけでは財政再建はできない。予算を作る仕組みや、政
治の意思決定プロセスなどの「制度」を改革しなければ、財政赤字問題は解決できない
というのが本書の立場です。

第6章 公共経済

この章では、公共部門の経済活動について学びます[1]。公共部門とは政府（国・地方公共団体[2]）や公企業のことです。

最も身近に感じられる政府の経済活動は、税ではないでしょうか。何かを買うたびに消費税がかかり、働いている人は所得税を支払います。政府は集めた税金を使って、財やサービスを供給しているといえます。

日々の生活に必要な財やサービスの供給者や生産者を思い浮かべてみてください。その多くは私企業ではないでしょうか。しかし、水道や一般道は政府が供給しています。また、政府が供給するサービスとして、自衛隊が供給する国防、警察による治安維持などがあります。これ以外にも、政府の経済活動には、景気対策として給付金を配る、法律や規制、補助金などにより生産者や消費者の行動変容を促す、生活保護などのセーフティーネットを提供するなど多岐にわたります。

民間部門の経済主体（企業や家計・消費者）は自己の利益が最大になるように市場で経済活動を行います。これに対し、政府は、社会的な利益の最大化を目的として、財やサービスの供給や、企業や消費者の行動への関与などの市場介入という経済活動を行います[3]。

現在の経済活動は、資本主義市場経済で行われています。そこで、まず、資本主義経済と、その弊害の1つである景気変動への政府の対応を説明します。その後で、市場の機能を検討しつつ、効率的な資源配分に失敗する市場を補完する役

1）「第2章 市場の効率性」と「第3章 マクロ経済学の学び方」、「第5章 財政と税」は、この章の内容と深く関連しています。

2）地方公共団体とは、都道府県や市町村のことです。地方自治体と呼ぶこともあります。また、国を中央政府、地方公共団体を地方政府と表すこともあります。

3）政府は憲法や法律に基づいて行動しますから、法律の理解も重要です。

割としての公共部門の経済活動について考えます。

6.1 資本主義市場経済

　経済活動は、自分で消費する財・サービスを自らの生産で賄う自給自足経済から、余ったモノを交換する経済、交換するために生産した商品を交換する経済、資本主義経済、修正資本主義経済へと変化してきました。この節では、資本主義経済の概要と景気変動への政府の対応について学びます。

■資本主義経済の成立

　イギリスで18世紀の終わりに蒸気機関で動く織機が使われるようになり、綿布を大量により安く生産できるようになりました。その結果、イギリスは綿布を世界に輸出するようになり、他の産業も発達しました。この過程で、土地や機械などの生産に必要な生産手段を所有する資本家が、原材料や労働などの生産要素を調達し、利潤を求めて自由に競争する生産活動を行うようになりました。このような経済を資本主義経済[4]と言います。

　イギリス以外の国で資本主義経済が始まったのは、フランス、アメリカ、ドイツが19世紀中頃から、日本は19世紀終わり頃からとされています。

■市場経済

　資本家が利潤を追求する場として、自由な市場は必要不可欠なものです。企業や家計が市場で自由に経済活動を行う状況を市場経済[5]といいます。

　自由な競争が市場で行われる場合、最も利潤を得られるのは、人々が必要とする財・サービスを最も安く供給できる供給者です。ですから、より多くの利潤を得るために、より便利なモノをより安く生産しようとします。その結果として、便利な生活が可能になります。

---

4) 生産手段を国家が所有する経済を社会主義経済といいます。過去に社会主義国であった旧ソビエト連邦や東欧諸国も資本主義経済に移行しています。現在でも社会主義を採用する国は、中華人民共和国、ベトナム社会主義共和国、ラオス人民民主共和国、北朝鮮民主主義人民共和国、キューバ共和国の5カ国です。
5) 生産するものやその生産量、価格を政府が決める経済を計画経済といいます。

　これは、企業や家計が私的利益を追求したとしても、よりよい状況が生まれることを示しています。

■資本主義市場経済の負の側面

　政府の市場介入を受け付けず、市場に全てを任せて発展してきた資本主義経済も、19世紀に入るといろいろな問題が明らかになってきました。それは、労働問題、貧富の差の拡大、恐慌、失業などです。

　生産方法が手作業から機械による生産へ変化したことにより、熟練した人でなくても、つまり、単純労働でも生産できるという変化をもたらしました。そこで、より多くの利潤を求める企業は、生産費用をできるだけ安くしようとして、賃金の高い熟練工を解雇して、女性や子供など賃金の安い単純労働者を雇い長時間労働も要求しました。また、生産費用を抑えるために、働く環境も劣悪なまま放置されていました。

　このような状況が続いた結果、病気や怪我で働けなくなる人や、貧困状態に陥る人が増加し、低賃金・長時間労働・貧困という労働問題が発生しました。一方で、資本家が莫大な富を得るという貧富の差の拡大が起きました。

　労働問題を解決するため、19世紀初めに労働者保護を目的とした工場での働き方を規制する法律[6]が制定されました。しかし、資本家が政府の市場介入を拒み続けていたために規制を守らせる制度[7]が存在せず、実際には効果を発揮しませんでした。

　恐慌とは、好調だった経済が突然深刻な不景気に陥ってしまうことです。企業は、将来の需要が増えると予想する場合、事前に増産したり、機械を新たに購入して増産に備えることもあります。しかし、買うか買わないかは消費者の自由ですから、生産した財が売れ残ることもあります。財が売れなければ損失が発生し、倒産する会社も出てきます。リスクをとって利益を得ようとしたが損失を被った会社が増えると、景気は一気に悪化します。その結果、多くの失業者が発生しました。このような恐慌は、1825年にイギリスで初めて起きて以来、8年から10年ごとに起きていました。政府は景気対策を行うことなく、経済の自律的な回復に

6）1802年制定の工場法は児童労働者の保護、1819年制定の紡績工場法は9歳以下の児童の労働禁止と16歳以下の少年工の労働時間を12時間までに制限するものでした。
7）現在の日本では労働基準監督署がこの役割を担っています。

任せていました。

■修正資本主義・混合経済

資本主義経済は、景気循環を繰り返しながら、貿易の拡大や国際的な分業が進み、更に発展しました。しかし、1929年10月にアメリカから起きた世界恐慌はそれまでの恐慌とは異なり、ほぼ全ての資本主義国に広がり、1930年代中頃まで不況が続きました。

アメリカでは、フーバー大統領（在任期間：1929年3月～1933年3月）が、生産活動はしっかり行われていると考え、経済の自律回復に任せていました。しかし、1929年～1933年の間に実質GDPが約30%減少し、1933年の失業率は25%以上になるような、深刻な不況でした。1933年に大統領となったフランクリン・ルーズベルトは、大規模な公共事業を行い、不況の克服と失業者の救済を目指しました。この政策はニューディール政策と呼ばれ、民間部門の需要不足により発生していた失業をなくすために、政府が需要を作り出すものでした。

世界恐慌に巻き込まれた日本でも、1932年から1934年にかけて景気対策としての公共事業が行われました。3年間で、国家財政と地方財政を合わせて約8億円が投入された事業でした。国の一般会計歳出予算額は1931年度の15億円に対して、1932年度が21億円、1933年度が23億円、1934年度が22億円となっています。現在の財政規模で捉えると、約40兆円に相当する額です。

政府による有効需要を創出する政策は、1936年に出版されたケインズの『雇用・利子および貨幣の一般理論』によって理論付けがなされました。

政府が積極的に経済に介入するという経済システムを、修正資本主義といいます。また、政策を自由放任から積極的な関与に変更したために公共部門の役割が大きくなり、私的利潤を追求する民間部門と、社会的利益の重視を目的とする政府が併存しているので混合経済ともいいます。1970年代以降、各国は社会福祉の充実をはかりました[8]ので、その役割はますます大きくなりました。

公共部門の経済活動の大きさは、国民経済計算では公的需要としてまとめられます。日本での公的需要がGDPに占める割合は約25%です。2019年度の名目速報値では、公的需要は141.3兆円で、GDP552.6兆円に対して25.6%を占めてい

8）このような国家を福祉国家といいます。それに対し、国家の役割を国防や治安に限定した国家が夜警国家です。

表6-1　公的需要がGDPに占める割合（単位：兆円、%）

年度	2014	2015	2016	2017	2018	2019
公的需要（A）	131.5	132.8	133.3	135.1	136.8	141.3
GDP（B）	518.2	532.8	536.9	547.6	548.4	552.6
割合（A/B）	25.4	24.9	24.8	24.7	24.9	25.6

出所：内閣府『国民経済計算』　＊2019年度の値は速報値。

ます（表6-1）。

ポイント

資本主義市場経済について
○特徴
- 生産手段を私的に所有し、利潤を追求する生産
- 自由な市場で財・サービスを交換
○負の側面
- 利潤追求がもたらした労働問題、貧富の差の拡大、恐慌、失業など
○政府の市場介入
- 世界恐慌までは、自由放任主義に基づき消極的な市場介入
- 世界恐慌を契機に、積極的な市場介入…修正資本主義、混合経済

6.2　市場の失敗と公共部門

前節では、資本主義経済がもたらす弊害の1つである景気循環について説明しました。

現代の経済活動が主になされている市場は、資源を無駄なく利用する状態をもたらす機能を持っています。しかし、この機能が常に働くとは限りません。公共財や外部性、規模の経済、情報の非対称性のどれか1つがあると、市場では資源が効率的に配分されなくなります。これを**市場の失敗**といいます。この市場の失敗を補うために政府は市場に介入します。以下では、市場の失敗の原因とそれに対する政府の対応を説明します。

■公共財

　公共財とは、次の２つの性質を備える財・サービス[9]のことをいいます。

　　①消費の排除性がない

　　②消費の競合性がない

　消費の排除性とは、対価を払わない人を消費から排除できること、対価を払った人だけが消費できることです。それに対し、「消費の排除性がない」とは、対価を払ってないからといって消費から排除することができないこと、対価を払わなくても消費できることです。これには、排除費用が高すぎて採算がとれないために、排除しないこととした場合も含まれます。

　対価を払わずに消費する人を**フリーライダー**（ただ乗り者）といいます。消費者の目的は消費で得られる効用を最大化することですから、対価を払わずに利用できる財やサービスを、対価を払わずに消費する（フリーライドする）ことは、違法とは判断できませんし、目的に合致しているという意味で合理的な行為ともいえます。しかし、フリーライダーが存在することで、最適な数量が供給されないという問題は残ります。

　消費の競合性とは、誰かが消費すると他の人の消費分が減ってしまうことを指します。よって、「消費の競合性がない」財やサービスについては、消費（利用者）が増えても、その財やサービスを利用できなくなることはありません。

　身近な公共財に、①の性質も②の性質も満たす財である一般道があります。一般道を通行する人全員から、通行するたびに料金を徴収するためには莫大な費用がかかりますので、無料で通行できるようにする方が社会的な利益が大きくなります（①）。また、渋滞が発生していない限り、その道路を通行する人が増えたとしても、以前と同じように道路を通行できます（②）。このような財・サービスには、道路以外に公園や国防などがあります。

　次に、①と②を供給者の視点で見てみましょう。①は、財やサービスを供給しても対価が得られないことを示しています。②は、財がすでに供給されているならば、消費が増えた場合に追加で財を供給してもそれは売れないということです。よって、民間企業は市場で公共財を供給しても利益を得ることができない、と考えられます。

9）両方の性質を備える財を純粋公共財、どちらか１つの性質だけを備える財を準公共財といいます。また、消費の排除性も消費の競合性も併せ持つ財を私的財といいます。

以上により、公共財を市場での取引に委ねた場合、供給量はゼロになるか、もし供給された（誰かが購入した）としても、その量は社会的に最適な数量よりも少なくなることがわかります。そこで、政府が税金を使って調達し社会に供給[10]します。その供給量は社会にとって最適な数量であることが望ましいのですが、不公平にならないように課税しつつ個人の需要を明らかにする実行可能な方策は、まだ研究途上にあります。

■外部性

外部性とは、財やサービスを消費したり生産したりする際、消費行動や生産行動が、市場を介することなく、第三者の効用レベルや生産量に影響を及ぼすことをいいます。影響が第三者にとって好ましい外部性を**外部経済**、好ましくない外部性を**外部不経済**と区別しています。

外部不経済は市場での経済活動にどのような影響を与えるでしょうか。典型的な外部不経済の例である公害[11]を題材に考えてみましょう。工場Aでの生産活動で有害物質が発生し、それを無害化処理することなくそのまま廃棄すると、周囲の人々には健康被害などの悪影響が及ぶとしましょう。このとき、工場Aは無害化処理をするでしょうか。

無害化処理を行うと費用が増え、その分、利潤は小さくなりますから、工場Aが目先の利潤を追い求める企業であるならば、無害化処理は実施しないでしょう。このとき、次の2つのことがいえます。

　①有害な廃棄物の処理費用は、工場Aに代わり、第三者である周囲の人々が健康被害という形で負担する。

　②負担しない処理費用だけ生産費が低くなるので、負担する場合に比べ、生産量が多くなる。

①は健康被害の他にも環境被害などが同時に発生しています。その損害額は、

---

10)「政府が供給するから公共財」ではないことに注意してください。公共財かどうかは財の性質で決まります。個人の自宅で、道を歩く人にも見えるようにクリスマスのイルミネーションを飾っているなら、近くを通る人が対価を払うことなく、何人でも見ることができますから、それは公共財です。

11) 環境基本法では「事業活動などの人間活動が引き起こした大気汚染、水質汚濁、土壌汚染、騒音、振動、地盤沈下、および悪臭が相当の範囲にわたって、人々の健康を損ねたり、生活環境を悪化させるなどの被害を与えること」と定義されています。

図6-1 社会的費用、私的費用、外部費用と外部不経済

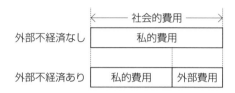

処理費用よりも高額[12]となる場合があります。また、補償を求める裁判も長期間にわたります。

　ここで、財を生産する際、社会全体で負担している費用を考え、それを社会的費用としましょう。外部不経済がない場合には、生産者が負担する費用が社会全体で負担する費用です。一方、外部不経済がある場合には、生産者が実際に負担する**私的費用**と第三者に転嫁された費用である**外部費用**があり、この2つを合計したものが社会的費用です（図6-1）。

　図6-2は、外部不経済が存在するときの需要曲線と供給曲線を描いたグラフです。外部不経済が存在しない場合、社会的限界費用曲線が供給曲線に該当します。外部不経済が存在するときは、私的限界費用曲線が当事者にとっての供給曲線です。

　生産者は、生産物を1つ追加したときの費用の増加分（限界費用）が製品価格と等しくなる数量を生産します。

　外部不経済がない場合は、この限界費用は、社会的限界費用の大きさです。図6-2では、横軸から社会的限界費用曲線までの高さがそれを表します。よって、利潤が最大になる生産量は、需要曲線と社会的限界費用曲線の交点で決まる Q^* です。

　外部不経済が存在する場合、生産者が認識する限界費用は私的限界費用のみです。図6-2では、私的限界費用曲線の高さで表されます。よって、利潤が最大になる生産量は、需要曲線と私的限界費用曲線の交点で決まる Q_0 です。社会的

---

12) 地球環境経済研究会編著『日本の公害経験』（1991年）に、水俣湾周辺地域の水俣病の損害額は年間約126億円（内訳：健康被害77億円／年、環境汚染被害43億円／年、漁業被害7億円／年）、未然に汚染防止対策を実施した場合に企業が負担する費用は年間約1億円との試算が示されています。

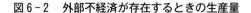

図6-2 外部不経済が存在するときの生産量

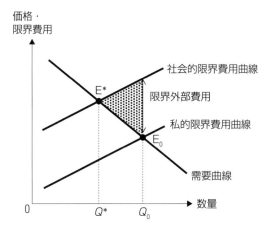

に最適な量 Q^* を超える数量です。Q_0 が供給されるときに、過剰生産による社会的損失（死荷重）は、図6-2の影付き部分で表されています。

　当事者である生産者や消費者に外部費用を認識させる働きを市場は持っていませんから、生産量を最適な量 Q^* にするためには政府が市場に介入せざるを得ません。その1つの方法は、生産量の上限を Q^* に制限することです。2つ目としては、限界外部費用（図6-2の両方向矢印の大きさ）に等しい額の税を生産者に課し、外部費用を生産者に負担させる（外部費用を内部化する）方法です。このような課税を考案者にちなみピグー税[13]といいます。3つ目としては、減らした生産量に対して補助金を出す方法もあります。生産された製品を使用することで外部不経済が発生するケース（例えば自動車）に対しては、品質について規制を設けたり、基準に満たない品質の財にはより高い税を課したり、逆に基準を十分に満たす品質の財は減税する、高品質な製品開発のために補助金を支給するなどの方法もあります。

　しかし、どの方法も、それだけでは効果を発揮しないことがあります。生産量に規制をかける場合には、生産量の上限を超えて作ったとしても、上限までしか売買できないような仕組みを作ることが大事です。品質に規制をかける場合も同

---

13) ピグー税を実際に課す際の問題点として、限界外部費用を正確に算定する困難さ、課税逃れ行動の誘発、「税さえ払えばそれで良し」とする誤った認識の生成などが挙げられています。

様です。

外部不経済を発生させる財の１つである自動車で確認してみましょう。自動車が走行すると、騒音や振動、排気ガスなどにより環境被害が発生します。排気ガスについては、排気ガス規制に定められた基準を満たさない自動車は、新車登録できない（作っても売れない）制度になっています。また、エコカー減税による環境に優しいエコカーの普及推進や、補助金交付によるクリーンエネルギー自動車の購入促進をすすめています。

外部不経済により市場が失敗することに対して、政府は規制や課税、補助金を用いて、資源が効率的に使われる状態の実現を目指し、社会的な満足度である社会的厚生をより大きくしようとしています。

■規模の経済

規模の経済とは、生産要素の投入量をλ倍（例えば２倍）にしたとき、生産量がλ倍より多く（例えば３倍に）なることをいいます。この場合、生産量を増やすほど、生産物１つあたりの生産費（平均費用）が安くなります。これを数値で確認してみます。生産要素の投入量が２倍になれば生産費は２倍になります。当初の生産費を150とすると、新たな生産費は300です。一方、生産量は100から300に増えるとしましょう。平均費用は「生産費÷生産量」ですから、当初の平均費用は「150÷100=1.5」、増産後の平均費用は「300÷300=1」で、生産量が増えると平均費用が安くなっていることが確認できます。このように、生産量の増加に従い平均費用が減少することを費用逓減[14]、このような産業を費用逓減産業といいます。

平均費用が安いほど、同じ価格のもとで得られる利潤は大きくなります。また、他社より安い価格で売ることで競合他社の顧客を奪い取ることもでき、市場の独占が可能になります。このようにして成立する独占を**自然独占**といいます。

市場が独占状態になる理由は、規模の経済が存在すること以外にも、特許権や著作権により他社の生産が認められないこと、生産者が小売業者に対して他社の製品を扱わないように働きかけることなどが挙げられます。

以下では、一般的に、独占が起きると価格や数量が、完全競争市場での均衡価

---

14) 費用逓減が起きる他の原因として、巨額な固定費用の存在があります。電力会社が例として挙げられます。また、その産業を費用逓減産業といいます。

図6-3　独占市場の価格と数量、死荷重

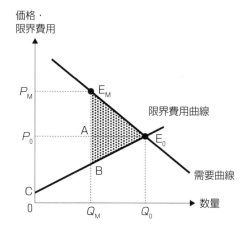

格や均衡数量に比べてどのように変化するかを、**図6-3**を使って考えます[15]。

　独占市場には供給者が1社しかいませんから、独占者は競合他社のことを気にすることなく、自己の利潤が最大になるように価格（P_M）や数量（Q_M）を自由に決めることができます。

　まず、需要曲線は完全競争市場でも独占市場でも変化はなく、同じとします。

　完全競争市場では、供給曲線と需要曲線の交点で価格と数量が決まりました。供給曲線は各社の限界費用曲線を横に足し合わせたものでしたから、交点の高さは、均衡価格と限界費用と同額であることを示しています。つまり、企業は市場価格と限界費用が等しくなるような量を生産するということです。

　図6-3にある右上がりの直線は、供給曲線ではなく独占企業の限界費用曲線です。もし、この独占企業が完全競争市場と同様に、価格と限界費用が等しくなるように生産するなら、限界費用曲線と需要曲線の交点（E_0）で価格（P_0）と数量（Q_0）が決まります。P_0とQ_0は、「限界費用＝価格」を基準に求められたものですから、完全競争市場での均衡価格と均衡数量に相当します。

　独占企業は価格や数量を自由に決められます。価格をP_0より高く設定すると数量はQ_0から減少します。また、数量をQ_0より減らすと、価格はP_0より高く

15）正確な議論は『ミクロ経済学入門』で学びますので、ここでは変化の方向（大きくなるか小さくなるか）だけに限定して説明します。

なります。価格を P_M にすると数量は Q_M、数量を Q_M にすると価格は P_M になります。

　このとき、独占企業は、価格を上げるか数量を減らすことでより大きな利潤を得ることができます。E_0 と E_M の利潤を比べてみましょう。利潤は「収入－費用」です。費用の中には固定費用と可変費用がありますが、固定費用は E_0 と E_M で同額ですから、「収入－可変費用」を比べれば利潤の比較ができます。「収入－可変費用」は生産者余剰です。グラフでは、E_0 のときが「P_0E_0C」、E_M のときが「$P_\mathrm{M}E_\mathrm{M}BC$」で表される領域の面積です。値上げをしたか生産量を減らした E_M のときの生産者余剰の方が大きいことがわかります。

　利潤の増加は生産者にとっては歓迎することです。しかし、供給量の減少は消費量の減少ももたらしますので、その分の消費者余剰は社会から消えてしまいます。その消失分は「$E_\mathrm{M}E_0A$」です。また、生産量も減少するので、「AE_0B」分の生産者余剰が社会から消えて無くなります。独占により「$E_\mathrm{M}E_0B$」の余剰が社会から消失してしまいます。これが、独占による社会的損失（死荷重）です。

　このような弊害をもたらす独占への、政府の対応は次の4つに分類できます。

　　①法律により独占状態の解消を図る。

　　②価格に規制をかける。

　　③独占企業を分割する。

　　④独占者を利潤追求が目的の私企業ではなく公企業にする。

　①の法律は「私的独占の禁止及び公正取引の確保に関する法律」で、独占禁止法とか独禁法と呼ばれています。公正取引委員会が独占禁止法を運営するために設置された機関です。

　②は、独占を認める代わりに、価格を規制しています。各地方に1つだけの電力会社（九州電力や中国電力など）がその例です。ある地域で独占を認める代わりに価格を規制します。価格を「＊＊料金」としている財は、価格に何らかの規制がかかっています。

　③は、日本電信電話公社が NTT 東日本と NTT 西日本、NTT ドコモ他に分割して民営化された例があります。

　④は水道事業が典型的な例です。水道事業は巨額な固定費が必要な産業[16]です。水道法で、清潔な水を豊富に安く供給することを公衆衛生の向上と生活環境の改善に必要なことと位置づけ、国と地方公共団体にその供給責任を果たすように定

められています。国がダムなどの水源を担当し、地方公共団体は水道局で上下水道の運営をしています。

■情報の非対称性

完全競争市場では、財・サービスの品質や価値などを理解し納得した上で、価格をシグナルとして取り引きすることを前提としています。しかし、実際には、買い物をして「思った以上に良いものだった、美味しかった」とか「期待はずれだった」などと感じた経験は多くの人が持っているのではないでしょうか。

ある果物が、個体ごとの美味しさに極端な差があり、その見分け方が買い手に開示されず、差を知っている売り手が異なる価格をつけるなどの情報提供を何もしないなら、その果物はお店から姿を消すことでしょう。そのお店も倒産するかもしれません。

このような、売り手と買い手の間で、保有する情報に差があることを、**情報の非対称性**といいます。情報の非対称性があると、取引量が減少したり、市場が消滅することもあります。保険商品については、事故を起こしやすい人だけが保険に加入するために、保険による補償が不十分になるという逆淘汰が発生します。また、保険加入により事故防止を怠るようになるというモラルハザード問題が起きます。

情報の差を埋める方法には、当事者による情報提供や情報検索があります。しかし、自分に不利な情報はなかなか出しませんので、中立的な第三者による情報提供・情報探索が必要になります。国民生活に関する情報の提供や調査研究などを行う独立行政法人国民生活センターが代表的な機関です。

保険に関連して起きる逆淘汰の原因は、保険加入を自由に任せていることにあります。よって、法律で強制加入とすることにより逆淘汰の防止が可能です。日本で国民皆保険となっているのは、国民健康保険法に強制加入が謳われているからです。健康保険のモラルハザード対策は、自己負担額を設定することです。自己負担額が捻出できない人は、健康保険とは別の医療扶助制度を使って治療を受けられる仕組みになっています。

---

16) 水道管の総延長距離は、2014 年度末で 66 万 km です。古くなった上水道の給水管を取り替えるために、2012 年から 2025 年の間に毎年 1 兆 2000 億円の設備投資が必要との試算があります。2017 年の民間企業全産業の設備投資合計額は 42 兆円です。

ポイント

市場の失敗の原因	政府の介入方法
●公共財 →	政府による供給
●外部性（外部不経済） →	規制、課税（ピグー税）、補助金
●規模の経済 →	法律、価格規制、企業分割、公営化など
●情報の非対称性 →	中立な立場からの情報開示、立法

6.3　むすびにかえて

　公共部門の経済行動は、ミクロ経済学やマクロ経済学、財政学、公共経済学、経済政策、租税論、環境論、法と経済学、経済史、経済学説史などでも研究対象として扱われます。その理由は、経済活動がより良い暮らしや社会を目指す人の行う多岐にわたる営みであり、それに公共部門が深く関わっているからです。

　また、資本主義や市場経済についての考察も重要です。その意味で、アダム・スミスの『国富論』やケインズの『一般理論』は、マンガでもいいですから読んでみてください。読書案内に載せています。きっと新たな発見があると思います。『国富論』の翻訳本が読みにくいと感じる人には、イーストプレス社から出版されている"まんがで読破"シリーズの『国富論』がオススメです。

【読書案内】

宇沢弘文（1974）『自動車の社会的費用』岩波書店（岩波新書）

　自動車から発生する外部費用について、その額を具体的に算出し、内部化する方法について考察されています。

蓼沼宏一（2011）『幸せのための経済学』岩波書店（岩波ジュニア新書）

　「効率」と「衡平」をキーワードに、経済や人の福祉、福祉を高めることとは何か、福祉を高めるために望ましい社会経済システムはどのようなものか、について、平易な言葉で書かれています。

イーストプレス社刊、まんがで読破シリーズ

アダム・スミス『国富論』（まんがで読破97）

ケインズ『雇用・利子および貨幣の一般理論』（まんがで読破 MD134）

コラム　アダム・スミス

　資本主義経済を最初に分析したスミスは、『国富論』（1776年）で経済活動が自由な（政府による市場介入がない）市場で行われるなら、市場への参加者である個人も社会全体としても最大の利益を得られるとしています。

　『国富論』の第5篇で論じられた政府の役割は、国防と司法、公共事業の3つです。このことと自由な市場を重視したことから、スミスは、「小さな政府」を推奨したと解釈されています。しかし、職業軍人からなる常備軍の設置や公共事業に教育を含めるなど、より費用のかかる提案をしています。

第7章 国際貿易と為替

　国際貿易は私たちの生活にたいへん身近なものです。たとえば、100円ショップから高級ブランド品、そして食生活にいたるまで私たちは、国際貿易のおかげで豊かな消費生活を営んでいます。では、国際貿易を行う理由は何でしょうか。日本はどのようなものを輸出してどのようなものを輸入しているのでしょうか。さまざまな経済政策があるように国際貿易にはどのような政策があるのでしょうか。国際貿易論は、このような疑問に答える経済学の一分野です。

　高校の「政治・経済」では、国際貿易をリカードの比較生産費説をもって簡単に説明していますが（『政治・経済』東京書籍164〜165ページ）、本章では国際貿易の発生要因である**比較優位**と国際貿易の利益について詳しく説明します。そして、一国の経済における国際貿易の役割と日本の国際貿易の概要を説明します。

7.1　国際貿易の発生要因（比較優位論）

　経済学のあらゆる場面でアダム・スミスが登場するように、国際貿易もアダム・スミスの考えから始まります。スミスの考えは、各国における生産には、それぞれ得意なものと不得意なものがあり、得意なものを自国で生産し、不得意なものを外国から輸入することで経済的利益が得られるという簡単で素朴なものです。経済学ではこのような得意なことを**優位**、不得意なことを**劣位**と呼び、専念することを**特化**と呼びます。自国が優位なことに特化して、それぞれをお互いに交換することが国際貿易です。ここで重要なことは、優位と劣位の判定です。

　ここで、無人島にいるAさんとBさんの2人を例にして考えましょう。この島には、食糧にできるものは魚と木の実の2つしかありません。1kgの木の実を採るためにAさんは6時間かかり、Bさんは3時間かかります。一方、1匹の魚を

表7-1　木の実の採集と漁に必要な労働時間と収穫量（絶対優位）

	特化前		特化後	
	木の実	魚	木の実	魚
Aさん	6時間・1kg	3時間・1匹	0時間・0kg	9時間・3匹
Bさん	3時間・1kg	6時間・1匹	9時間・3kg	0時間・0匹
合　計	2kg	2匹	3kg	3匹

捕るために必要な時間は、Aさんが3時間でBさんは6時間です。

　AさんとBさんが、それぞれ1kgの木の実と1匹の魚を得るために必要な時間は9時間です。そして、2人が収穫する食糧の総量は、2kgの木の実と2匹の魚です。ここで、2つの仕事にかかる時間を比較すると、木の実を採ることはBさんの方が早く、魚を捕ることはAさんの方が早いことがわかります。2人の2つの仕事にかかるコスト（ここでは時間を指します）の差は明確です。これが絶対優位の概念です。国際経済学では、「Aさんは魚を捕ることに絶対優位をもち、Bさんは木の実を採ることに絶対優位をもっている」と表現します。

　では、AさんとBさんが各々の絶対優位であることに専念した場合、どのような結果が得られるのかを確認してみましょう。Aさんは、木の実の採集をやめて漁に専念すると、9時間の労働で3匹の魚を捕ることができます（3時間で1匹の魚が捕れるので）。一方、Bさんは、漁をやめて木の実の採集に専念します。すると、Bさんは9時間で3kgの木の実を採ることができます。つまり、絶対優位による2人の収穫は、3kgの木の実と3匹の魚となり、以前より増加したことがわかります。

　このように、絶対優位に特化することで得られる利益を**特化の利益**（＝生産量の増加）と呼びます。AさんとBさんを2つの国に、2つの仕事を2つの産業に置き換えて考えると、「ある国において絶対劣位の部門の生産をやめ、絶対優位をもつ部門の生産に特化し、相手国と生産物を交換することで全体の生産量は増える」ことになります。アダム・スミスは、これが国際貿易を行う理由であると考えたのです（表7-1を参照）。

　無人島にいる2人の話を続けましょう、次に、Bさんに代わってCさんが登場します。このCさんは何でもテキパキと仕事ができる人で、1kgの木の実を1時間で採り、1匹の魚を2時間で捕ることができます。Cさんはすべてのことにお

いてＡさんよりも早い、つまりすべてのことで、絶対優位をもっているため、特
化の利益は期待できません。無人島にいるＡさんとＣさんにとって、収穫を最大
にする方法は、各自がそれぞれの仕事をすることでもなく、Ｃさんがすべての仕
事を引き受けてＡさんが何もしないということでもありません。絶対優位による
優位・劣位の判定ができないので、2 人の間の取引は成立しないことになります。
　では、2 人の収穫を最大にする方法はあるのでしょうか。この難問を解決した
のがリカードです。
　リカードは、20代の頃に読んだアダム・スミスの『国富論』をきっかけに経済
学に関心をもつようになったといわれています。リカードの経済学は、あらゆる
面でスミスに対する批判から形成されています。リカードは、スミスの絶対優位
の概念では国際貿易を説明できないと考え、**比較優位**という概念を考案します。
　比較優位の内容は単純ですが、難解でもあります。2 つの仕事に必要な時間の
比率（相対比率）をＡさんとＣさんで比較することで、比較優位の判定ができま
すが、比較優位の理解には**機会費用**という概念も必要になります。機会費用は、
「ある行動を選択することによって失われる（あきらめなければならない）利益」
と説明することができます[1]。たとえば、時給600円のアルバイトを 1 時間する
か、1 時間かけて経済学のレポートを書くかを選択する場合を考えてみましょう。
レポートを選択した場合、アルバイトができないので、600円をあきらめること
になり、レポートを書く機会費用は600円になります。逆に、アルバイトを選択
した場合は、レポートの提出ができなくなるので成績は10点が減点されます。し
たがって、アルバイトを選択したときの機会費用は、経済学の成績のマイナス10
点になります。学生はアルバイトの収入600円と成績10点を比較して行動を選択
します。機会費用は、意思決定の際に考慮すべき費用として非常に重要な概念で
あるといえます。
　比較優位は、機会費用の応用として考えることができます。先ほどの無人島の
例を使って確認してみましょう。Ａさんが 1 kgの木の実を採るために必要な 6 時
間を漁に振り分けると 2 匹の魚が捕れます（1 匹の魚を捕る時間が 3 時間なので、
6 時間では 2 匹となります）。この魚 2 匹が、Ａさんが木の実を採ることの機会
費用です。一方、Ｃさんの場合は、1 kgの木の実を採る 1 時間で捕れる魚は0.5

1）会計学での「利益・費用」とは異なる概念であり、必ずしも金額で換算する必要がないこと
　に留意してください。

匹（1匹の漁を捕る時間が2時間なので、1時間では0.5匹となります）なので、Cさんにとって木の実を採るための機会費用は魚0.5匹です。したがって、木の実を採るためにあきらめる魚の量（＝機会費用）は、Cさんのほうが小さいということになります。木の実を採るために犠牲にする魚が、少ないほうが効率的であることを考えると、木の実を採ることについては、CさんがAさんより得意であると判断されます。すなわち、Cさんは木の実に比較優位をもち、Aさんは漁に比較優位をもつといえます[2]。

比較優位は、標準的な国際貿易論のテキストでは、2人の2つの仕事に必要な費用（ここでは時間）の比較で説明されています。

$$
\text{A さん}\left(\dfrac{\text{木の実：6 時間}}{\text{魚}\quad\text{：3 時間}}\right) > \left(\dfrac{\text{木の実：1 時間}}{\text{魚}\quad\text{：2 時間}}\right)\text{C さん}
$$

すなわち、木の実の採集については、Aさんは、漁の2倍の時間がかかりますが、Cさんは漁の半分の時間ですみます。一方、Aさんは木の実の採集の半分の時間で漁ができますが、Cさんは木の実の採集に対して2倍の時間がかかります。

すべての仕事において、CさんはAさんより早いですが、木の実の採集のほうがもっと早いことになります。一方、Aさんは、木の実の採集より漁のほうが得意であることになります。前述の機会費用の結果と同様に、Aさんは漁に比較優位をもち、Cさんは木の実の採集に比較優位をもつことになります。

それでは、比較優位の部門に特化した場合、どのような結果が得られるのか計算してみましょう。Aさんは木の実の採集（6時間）をやめて漁に特化しますので、9時間かけて漁をすると3匹の魚を捕ることができます。Cさんは魚（2時間）をやめて木の実の採取に特化しますので、3時間で3kgの木の実を採ることができます。2人が特化する前と同じ時間の仕事をしても、食糧全体の収穫が増加することが確認できます（表7-2を参照）。

絶対優位では特化の利益が期待できないケースであっても、比較優位の概念を取り入れることで特化の利益（生産量の増加）が発生することになります。このAさんとCさんを2つの国、2つの仕事を2つの産業とすれば立派な国際貿易のモデルになり、国際貿易の仕組みを説明することができます。

以上のように、リカードは比較優位による生産の特化と貿易のパターン、交易

2）2人の間の2つの仕事の相対比較なので、一方が決まれば他の一方は必然的に決まります。

表7-2　木の実の採集と漁に必要な労働時間と収穫量（比較優位）

	特化前		特化後	
Aさん	6時間/1kg	3時間・1匹	0時間・0kg	9時間・3匹
Cさん	1時間/1kg	2時間・1匹	3時間・3kg	0時間・0匹
合　計	2kg	2匹	3kg	3匹

　の利益を説明する国際貿易の基本的な枠組みを構築しました。このリカード・モデルは、「比較生産費説」ともいわれるもので、リカードの著書『経済学および課税の原理』（1817）の「第7章　外国貿易について」の中で、イギリスとポルトガルのワインとラシャ（毛織物）の生産費用（必要な労働者の数）を用いて展開しました。また、工業品と農産品の両方とも生産性が高い国と、両方とも低い国の間でも貿易が発生し、両国ともに利益を得ることができることを明解に説明しています。

　アダム・スミスの批判からリカードの業績が生み出されたように、リカードの理論を批判することで経済学は発展していきます。リカード・モデルには前提条件が、基本的モデルには制約や限界があります。リカード・モデルにおける問題は、優位・劣位の発生要因にあります。リカードは、国の間の比較優位の発生を労働の生産性にあると考えました。しかし、生産に必要なもの（**生産要素**）には、労働以外にも土地や機械のような資本という重要な要素があります。また、生産技術も変化します。この生産に必要な生産要素と生産技術に着目して国際貿易の理論を発展させたのが、スウェーデンの経済学者であるエリ・ヘクシャーとベルティル・オリーン[3]です。この2人は、国際貿易の発生要因は「比較優位」であるが比較優位の発生要因は各国がもっている生産要素の賦存量であり、生産要素の賦存状況によって生産費（＝価格）に格差が生じると考えました（**要素賦存度**）。また、生産には労働と資本が必要ですが、産業によって必要とされる労働と資本の比率が異なることに注目します。たとえば、農業には労働がより必要であり、工業には資本がより必要であるということです（**要素集約度**）。

　この2点から、労働が豊富な国と資本が豊富な国、労働がより使われる産業（農業）と資本がより使われる産業（工業）からなる比較優位の新しいフレーム

---

3) ベルティル・オリーンは、ヘクシャ＝オリーン・モデルの功績が称えられ、1977年にノーベル経済学賞を受賞。

ワークができます（ヘクシャー＝オリーン・モデル）。

　ヘクシャー＝オリーン・モデルも国際貿易の発生要因が比較優位であるところは、リカード・モデルと同じですが、注目すべき点は、優位・劣位の判定方法において違いがあるということです。

　国際貿易の発生と貿易からの利益は比較優位で説明できます。したがって、比較優位の概念を理解することで国際貿易はなぜ行われるのか、貿易からの利益はなにかという基本的な質問には答えることができます。

7.2　国際貿易のメリット

　前節で述べたように、国際貿易の発生要因は基本的に比較優位論で説明できます。この節では国際貿易を行うメリット（利益）について説明します。

　前節では、比較優位論に沿って、各国が比較優位をもつ部門に特化した場合、全体における生産量が増大することを確認しました（表7-2）。このような、生産量が増えることによってもたらされる利益を特化の利益といいます。この特化の利益を交換（貿易）することで、消費者の利益が生じます。これを**交換の利益**といいますが、交換の利益は、消費する財の量が貿易前よりも増えることによって実現されます。

　以上のように、貿易の利益は、特化の利益（生産面）と交換の利益（消費面）の合計からなります。

　また、国際貿易には国内資源の有効な配分というメリットがあります。そもそも経済学とは、有限な資源を効率的に利用して生活を豊かにするための学問です。この点において、国際貿易は外国に比べて生産効率が悪い財を含むすべてのものを生産するときに生じる資源の無駄を省くことになります。

　最後に、国際貿易は一国の経済成長において大事な役割を担っています。経済成長は国内総生産の増加を意味します。例として、日本において重要な産業の1つである自動車産業をみましょう。日本の2012年の1年間における自動車の生産台数は約990万台で、国内販売は約540万台です。同期間の輸出台数は約450万台です（全車種・全メーカー[4]）。大雑把な計算ではありますが、日本の自動車は

4）日本自動車工業会（JAMA、http://www.jama.or.jp）、自動車生産・輸出の統計データより。

日本国内需要のおよそ2倍の台数を生産していることになります。仮に、国際貿易が行われていない世界を想定すれば、日本の自動車生産台数は今の半分になります。また、輸出がないということは輸入もないということなので、自動車生産に必要な資源やエネルギーの調達も難しくなり、生産量はもっと減ることになります。すなわち、国際貿易によって国内需要を上回る生産が可能になるのです。生産の増大は経済成長につながります。

　戦後日本経済は、1950年代半ばごろから高度経済成長と呼ばれる急速な経済成長を続けました。高度経済成長を可能にした要因には、日本国民の高い貯蓄性向（国民所得に占める総貯蓄の割合）、IMF-GATT体制下での自由貿易の進展などがあげられます（『政治・経済』東京書籍、134ページ）。経済成長のもっとも直接的な要因は、企業による設備投資です。とくに、鉄鋼、石油化学、機械、自動車、電子機器などの産業分野で活発な投資が行われました。機械、自動車、電子機器は日本の主要輸出製品であり、国際貿易が日本の経済成長をけん引したのです[5]。2度の石油危機（1973、1979年）をへて、高度経済成長の時代は終わりますが、石油危機前までの経済政策は、輸出を重視する外需主導型でした。以降1980年代からは、輸入を重視する内需主導型への転換がはかられることになります（『政治・経済資料』東京法令出版、237ページ）。

　発展途上国の国際貿易と関連する経済成長戦略には、輸入に依存している財の供給を国内工業部門によって代替していく輸入代替工業化と、世界市場への進出を目指す輸出志向工業化があります。この2つの戦略は輸出産業を育成し、輸出から必要な資本や資源を調達、工業化することです。経済成長を成し遂げた韓国や急成長中の中国、ASEANにおいても国際貿易は成長の基本政策となっています。

7.3　交易条件と為替レートについて

　国際貿易は自国と外国との間で財を交換することであり、その交換の利益が国際貿易の利益であることを考えた場合、**交易条件**という概念は重要な意味をもちます。交易条件は、輸出財の価格と輸入財の価格との比率のことです。

5）1960年代後半から、経常収支は恒常的に黒字を続けるようになります（『政治・経済』東京書籍、136ページ）。

$$交易条件 = \frac{輸出財の価格}{輸入財の価格}$$

　この交易条件は、輸出財を１単位輸出して得た外貨で購入できる輸入財の量を意味します。したがって交易条件の値が大きくなることは、同じ量の輸出に対してより多くの輸入が可能になることから（自国にとって）**交易条件の改善**といいます。逆に、少なくなる場合を**交易条件の悪化**といいます。すなわち、交易条件は国際貿易の経済的利益と密接な関係をもっていることです。

　財の生産コストが価格に反映される競争的市場を前提とすれば、価格と比較優位・貿易のパターンとは密接に関係していることになります。国際貿易において価格の問題は、為替レートの問題でもあります。

　為替レートとは自国の通貨と外国の通貨との交換比率のことです。例えば、１ドルが100円で交換されているとすると、私たちは、１ドルを手に入れるためには100円を銀行にもっていかなければなりません。このような場合の、１ドル＝100円という為替レートを、円建てレートと呼びます。逆に、１円＝0.01ドルの場合をドル建てレートと呼びます。

　１ドル＝100円の為替レートが１ドル＝125円に変わったとき、１ドルを得るためには、125円が必要になります。このように、為替レートが１ドル100円から125円に変わると、同じ１ドルを手に入れるのに100円から125円とより多くの円が必要になることから、円のドルに対する価値が安くなったことを意味する「円安ドル高」になります。逆に、１ドル＝80円になった場合には、「円高ドル安」と言います。円安（ドル高）のときには日本の製品が海外でより安くなるので輸出に有利になりますが、外国からの輸入品は高くなりますので輸入には不利になります。

　交易条件と為替レートとの関係は次のように説明できます。日本が自動車を産油国に輸出して原油を輸入するケースを考えましょう。輸出財である自動車１台の価格を200万円とし、輸入財である原油は１バレル100ドルとします。為替レートが１ドル100円のとき、自動車の価格は２万ドルになります。したがって、自動車１台を輸出すれば200バレルの原油が輸入できます。このときの交易条件は200になります。

　円高が進んで１ドル80円になった場合、自動車の価格は25,000ドルになります。原油価格が不変の場合、輸入できる原油は250バレルに増えます。このときの交

表7-3　為替レートと交易条件

為替レート	輸出財の価格	1台の輸出で輸入できる原油の量	交易条件（状況）
1ドル80円（円高）	25,000ドル	250バレル	250（交易条件の改善）
1ドル100円	20,000ドル	200バレル	200
1ドル125円（円安）	16,000ドル	160バレル	160（交易条件の悪化）

注：輸出財の価格200万円、輸入財の価格100ドルとし価格の変化がない場合

易条件は250となり、1単位の輸出で輸入できる輸入財の量が増えます。したがって、円高によって交易条件は改善される結果となります。

逆に、円安が進んで為替レートが1ドル100円から125円になると、輸入できる原油の量は160バレルに減少します。また、このときの交易条件は160となり、円安の結果交易条件は悪化することになります。ただし、為替レートの変化による交易条件の改善または悪化には、輸入価格と輸出価格が不変であるという前提条件が必要です。実際には、為替レートの変化は、輸入財と輸出財の両方の価格に影響を与えるため、両方の大小関係によって交易条件の改善・悪化幅が決まることになります。また、円高は輸出財の円建て価値の減少になることから、同量の輸出によって得られる円建て収入は少なくなることに留意してください（表7-3）。

日本の交易条件は、日本銀行の物価指数統計の輸出物価指数と輸入物価指数から算出することができます。図7-1は、2010年を基準（100）にとった輸出物価指数と輸入物価指数、そして交易条件の推移を示したものです。輸出・輸入物価指数とは、基準年に比べて平均でどれだけ変化したのかを示した指数です。たとえば、2014年の輸出物価指数は110.4となっています、これは2010年から2014年にかけて輸出財の平均価格が10.4％上昇したことをあらわしています。一方、同年の輸入物価指数は127.9で27.9％上昇しています。輸出物価指数の上昇率よりも輸入物価指数の上昇率が高かったため、2014年の交易条件は86.3と2010年に比べて13.7％悪化した結果となっています。

図7-1から、日本の交易条件は1994年以降悪化していることがわかります。とくに、2010年以降は円高が進んでいるなかで交易条件が悪化している状況を示しています。このような交易条件の悪化は円高による改善の力より、原油など資源価格の上昇による輸入物価の高騰とデフレによる輸出物価の下落の影響が大き

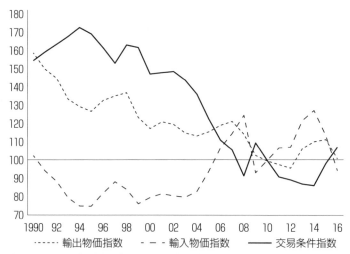

図7-1　日本の交易条件指数の推移（1990～2016）

注1：日本銀行「企業物価指数」により作成（2010年＝100、円ベース、年平均）
　2：交易条件＝輸出物価指数/輸入物価指数×100として算出

いため悪化を招く結果となっています。日本の場合、資源や原燃料を輸入して工業製品を輸出する貿易パターンとなっているため、輸入物価は原燃料の価格によって影響されます。

7.4　日本の貿易について

　1970年の世界全体の貿易額は約7,700億ドルで、当時の世界全体の GDP は約2兆9,600億ドルでした。その後、経済規模も国際貿易も拡大し、2018年の世界全体の貿易額はおよそ49兆8,900億ドル、GDP は約86兆3,600億ドルにまで増加しました。ここで、注目したいのは、その増加率です。1970年から2018年までの GDP の年平均成長率は7.5％ですが、貿易額の増加率は9.6％です。すなわち、世界の経済は非常に高い成長を実現していますが、世界貿易はそれにも増して高い伸びを達成しています。また、GDP に占める国際貿易の割合（**貿易依存度**）においても、1970年の25.9％から2018年には約57.8％と大きく増加しています。

　日本の貿易も同様な変化があって、1970年日本の貿易額は 4 兆1,600億ドルでしたが、2018年は18兆2,400億ドルにまで増大しました。同じ期間 GDP の年平

図7-2　日本の産業別輸出構造の推移（1960-2018、%）

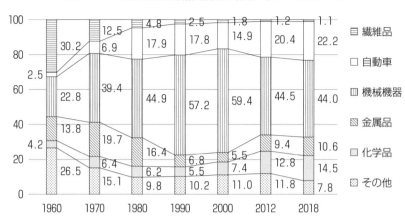

出所：2000年までのデータは経済産業省、通商政策、「図2　日本の商品別輸出構造の推移」から、2018年のデータは財務省「貿易統計データ」より。

均成長率は7.6%に対して、貿易の年平均成長率は9.0%です。また、1970年19.6%であった貿易依存度は2018年には36.8%になっています[6]。

　今日の世界経済は、グローバリゼーションとともに国際貿易の役割も増大しているといえます。

　図7-2は、日本の輸出構造の変化を示したものです。1960年の日本の輸出に占める繊維製品のシェアは30.2%です。当時、繊維製品は日本にとって輸出の主力産業でしたが、2018年には1.1%にまで縮小しました。一方、機械機器類（電気電子を含む）と自動車部門は、大きく輸出シェアを伸ばしたことがわかります。1節で説明したように、一国の貿易パターン（何を輸出し何を輸入するか）が、比較優位から決まるということを考えると、日本が世界に対して比較優位を有するものが、繊維製品のような軽工業部門から自動車や電機電子を含む機械機器部門に変化したことになります。

　日本の産業構造も同じように変化しました。1970年代における繊維製品の生産高は、製造業の5.5%程度でしたが2010年には0.6%にまで縮小しています。一方、電気機械は1970年の10.9%から2010年の15.1%に、自動車部門は10.8%から13.2%に伸びています[7]。以上のことから、日本の産業構造の変化と国際貿易は、

6）World Development Indicators（The World Bank）のデータから筆者計算。貿易額は、財とサービスの輸出額＋輸入額で計算。

密接に関連していることがわかります。

7.5　より進んだ勉強のために

　図7-3は、2019年の日本の貿易構造を示したものです。輸出において機械類、輸送機械、電気電子の3つの産業は輸出全体の60％を占めています。これらは日本が比較優位を有する産業として前節でも説明した通りです。輸入においては、鉱物性燃料（主に原油）の割合が22％を占めており、これも比較優位論として説明できます。しかし、輸出の主要産業である機械類、輸送機械、電気電子の3つの産業の輸入割合も29％であることに注目すべきです。すなわち日本は、比較優位にあるものを輸出しながら同時にそれらを輸入しています。このような現象を**産業内貿易（水平分業）**といいます[8]。このような貿易パターンは日本を含む先進工業国間でその割合が大きく、現在の国際貿易において重要な意味を持っています。産業内貿易を簡単に説明することは難しく、また、従来の比較優位では説明が困難なので、新しい概念が必要になります。その背景には、不完全競争や規模の経済性などがあり、これを**新貿易理論**といいます。

　最後に、国際貿易をより深く理解するためには、ミクロ経済学の基礎理論の学習が必要です。1節では国際貿易の枠組みとしてリカード・モデルやヘクシャー＝オリーン・モデルを紹介しましたが、比較優位の正確な理解と分析のためには、**生産可能性曲線**の理解が必要です。また、貿易の均衡や貿易の利益をより詳しく検証することも必要です。

　価格の変化が国内の所得にどのような影響を与えるのかを明らかにした「ストルパー＝サミュエルソンの定理」、生産要素量の変化が国内生産量にどのような変化をもたらすのかを分析した「リプチンスキーの定理」などは、国際貿易論において重要な定理です。

7）内閣府「国民経済計算（GDP統計）」の「経済活動別国内総生産」の統計データより。

8）垂直分業とは、先進国と発展途上国・植民地の間にみられる分業で、工業品と農産物・原燃料などの1次産品を主に生産し交換する貿易パターン（産業間貿易）をいいます。一方、水平分業は先進国相互間で行う分業で、不足する同水準の工業製品を相互に補完しあう形で交換するパターン（産業内貿易）と定義しています（『政治経済資料2013』東京法令出版、292ページから引用）。

図 7 - 3　日本の産業別輸出と輸入（2019）

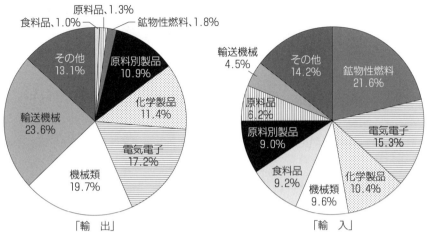

出所：『日本貿易の現状2020』日本貿易会より作成

コラム　比較優位の応用

　リカードの比較優位論は、経済学だけでなく実際の生活のなかで応用できる優れた理論です。近代経済学の父とも呼ばれるアメリカの経済学者でノーベル経済学賞を受賞したポール・サミュエルソンは、"経済学のあらゆる理論のなかで比較優位理論は最も重要である"と述べています。

　そもそも優位というものは、何かに対しての優位であるという意味なので、それ自体に相対性を持っています。しかし、リカードの比較優位とは、絶対優位に対する概念です。ある 2 人を 2 つのことで比較する場合は絶対比較になりますが、比較優位はまず 2 つのことを比較して、その結果をもって 2 人を比較する。すなわち、比較を 2 回行うことになります。

　"あの人は私に比べて英語の成績も優秀でスポーツもできる"といった場合には、絶対優位になります。このように絶対優位だけの世界では、"私はあの人に比べて、すべてにおいて出来が悪い"ことになり、憂鬱になるかもしれません。しかし、比較優位の世界では、すべての人に優位なものがあることになります。また、優位があることで終わるのではなく、優位なことに

特化することで全体が利益を得る点は、最も重要なことです。

　最近の、プロ野球界では、投手と野手を兼任する、いわゆる「二刀流」が話題になっています。専門家によって、さまざまな見解が述べられていますが、プロ野球の専門家としてではなく経済学的な見解を述べるのであれば次のようになります。2つのプレイに対しては2つの練習方法があるので、投手としての練習と野手としての練習を同時にこなすことはできないはずです。そこで、それぞれの練習の結果がチームの勝利にどの程度貢献ができるのかを計ると、貢献度が高いポジションに専念する方がチームにとって有利になります。これはプロ野球において勝利が最終目的である場合です。このような考え方も比較優位論の応用です。

　200年前に生まれた理論が現在でも有効に使われている点で比較優位論には脱帽します。

【読書案内】

小峰隆夫・村田啓子（2012）『貿易の知識〈第3版〉』（日経文庫）日本経済新聞出版社
　輸出・輸入の仕組みから、比較優位をはじめとする貿易理論までコンパクトにまとめています。さらに、TPPなど貿易の新たな局面までわかりやすく解説しています。

第8章 | インフレーションとデフレーション

　この章では、インフレーションとデフレーションのもとになる物価について基本的な内容を説明した上で、1970年代以降の日本の物価の動きを実際のデータに基づいて観察します。大まかにとらえれば、日本経済は70年代にはインフレを、90年代以降はデフレを経験していますが、それぞれの特徴を理解するとともに、対処法も考えます。インフレ・ターゲットという比較的新しい政策についても説明します。

8.1　高校の「政治・経済」で学んだこと

　まずは、高校の教科書で学んだ物価、インフレーションあるいはデフレーション関連の説明を確認しておきましょう。

「物価とは諸価格の平均的な水準のことであり、消費者が小売段階で購入する財・サービスの価格（公共料金も含まれる）を平均した消費者物価と、企業間で売買される商品、すなわち卸売段階にある商品、輸入品、原材料などの価格を平均した企業物価（卸売物価）の二つの種類がある。」（東京書籍、『政治・経済』）

「インフレーション：物価騰貴の持続する状態。逆に物価が持続的に下落する現象をデフレーションという。インフレーションは貨幣価値の低下をまねき、貨幣に対する信頼を失わせる。
スタグフレーション：stagnation（景気後退）と inflation（物価上昇）との合成語で、イギリス元蔵相マクラウドによる造語。不況にもかかわらず物価が上昇する現象をさす。

デフレ・スパイラル：デフレーションで物価が下落しても需要が回復せず、売上の減少が所得減少をまねいて、さらなる需要減少と物価下落に陥る悪循環をいう。」（東京書籍『政治・経済』）

「インフレターゲティング：ある程度長期の期間を見こして、インフレ率の安定目標値や目標範囲を設定して金融改革を実施すること。」（東京書籍『政治・経済』）

その他、ディマンド・プル・インフレーションやコスト・プッシュ・インフレーションも登場しています。

　以上のように、高校の「政治・経済」では、インフレーションとデフレーションの基本的な意味やそれらの現象を学習し、日本経済は1970年代に大幅なインフレを、90年代以降は慢性的なデフレを経験していることを学びました。大学の経済学では、これらを踏まえた上で、物価指数、インフレ、デフレ等について、経済データと経済理論を駆使しながら理解を深めていきます。

8.2　経済データで、インフレとデフレを確認しよう

　図8−1は、1971年から2019年までの**消費者物価指数**（生鮮食品を除いたコア指数）の前年に対する上昇率をグラフにしたものです。すぐ気づくのは1974年の20％を超えるインフレ率です。73年と75年も10％を超えています。これは1973年10月に発生した**第1次石油ショック**の影響です。中東からの原油価格が4倍にも上昇し、原材料価格全般が上昇し、「狂乱物価」と表現されました。スーパーマーケットの店頭からトイレットペーパーや合成洗剤などが姿を消し、多くの主婦がそれらを求めて店先に行列をなしたのもこのころです。1980年の8％に迫るインフレ率は**第2次石油ショック**の影響です。この大幅なインフレの期間、日本経済は同時にGDPの低下という景気後退も経験していました。実質GDPは1974年に**戦後初のマイナス成長**を記録しています（図8−2）。景気後退（スタグネーション）下でのインフレであり、これが高校でも学んだ**スタグフレーション**です。失業率とインフレ率（あるいは賃金上昇率）の関係を描いたグラフを**フィリップス曲線**といい、通常は右下がりになります。失業率が下がることは雇用が増える

図8-1　物価上昇率の推移

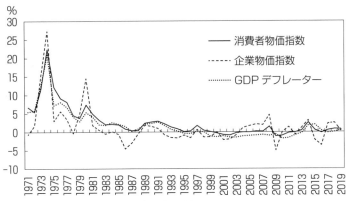

データ出所：総務省、日本銀行、内閣府、暦年、1971-2019

図8-2　経済成長率（実質GDP成長率）

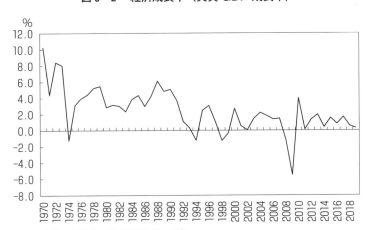

データ出所：内閣府、国民経済計算、暦年

ことを意味し、雇用の増加は賃金の上昇を引き起こします。これが物価を引き上げることにつながります。70年代前半のスタグフレーションの時期、フィリップス曲線は部分的に右上がりになりました（図8-3）。この時期は**期待インフレ率**が上昇することで、右下がりのフィリップス曲線自体が上方にシフトしたと理解することができます。その後、期待インフレ率が低下するに従って、フィリップ

図8-3　フィリップス曲線（1971-2019）

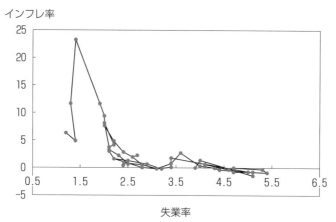

インフレ率

失業率

データ出所：総務省

ス曲線は下方へシフトしてきました。インフレ時には、期待インフレ率を引き下げるような引き締め政策を採用することが基本となります。

　91年のバブル経済崩壊後、インフレ率は2％を超えることはなく、日本経済は1998年からデフレ経済に突入しています。1999年からCPI上昇率はマイナスとなり2013年で15年になっています。政府は2001年3月に**初のデフレ宣言**を行い、2009年11月にも再度デフレ宣言をしています。

　なお、1989年には消費税3％が導入され、1997年には消費税が5％に引き上げられ、2014年には8％、2019年には10％に引き上げられましたが（詳しくは第5章参照）、グラフから共にインフレ率が増加していることが読み取れます。また、2009年のインフレ率が大幅なマイナスになっているのは2008年9月に米国で発生した**リーマンショック**の影響です。

　企業物価指数の上昇率は、基本的には消費者物価指数と同じような傾向を示しますが、企業間の取引の価格の方が石油危機による変化からより大きな影響を受けることがわかります（図8-1）。なお、GDPの物価指数を表すGDPデフレーターは消費者物価指数と似た動きを示しますが、輸入物価が大きく上昇したときには異なった動きをすることがあります（図8-4）。GDPデフレーターは名目GDPを実質GDPで割って得られた値です（詳しくは第3章参照）。GDPは消費＋投資＋政府支出＋輸出－輸入ですが（これも詳しくは第3章参照）、その他の

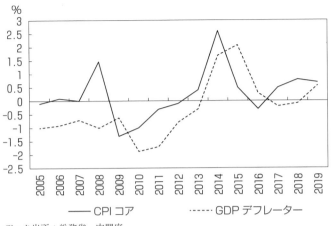

図8-4　消費者物価指数とGDPデフレーターの上昇率の比較

データ出所：総務省、内閣府

条件が変わらないとき、輸入価格が上昇すると名目GDPは低下します。実質GDPの方の価格は変わらないので、GDPデフレーターは低下します。一方、消費者物価には輸入物価は含まれているので、輸入物価の上昇は消費者物価指数の上昇に反映されます。従って、輸入物価が上昇する局面では消費者物価指数は上昇しますが、GDPデフレーターは低下するというように、両者が逆の動きをすることになります。2008年は両者が逆の動きを示したケースです。

■バブル経済と物価

　1980年代半ば以降90年代初めまで、日本は**バブル経済**を経験し、地価や株価が大幅に上昇しましたが、消費者物価指数などの物価指数には反映されていません。それは、消費者物価指数には、株価や地価などの資産価格は含まれていないからです。資産価格の動向は、地価や日経平均株価を観察しなければなりません。地価はバブル時には15％近くまで上昇していましたが、バブル崩壊後の92年から現在まで連続してマイナスです（図8-5）。**日経平均株価**は1989年12月末に38,915円87銭とこれまでの最高値を記録した後急落し、2020年12月末時点では26,000円台で推移しています（図8-6）。

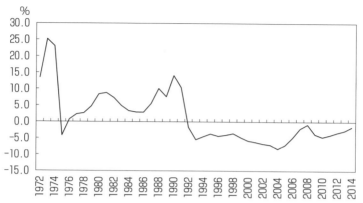

図8-5　地価（全国市街地地価上昇率）の上昇率

データ出所：日本不動産研究所

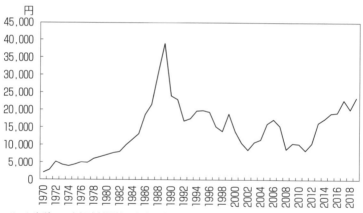

図8-6　株価（日経平均株価）の推移

データ出所：日本経済新聞社、東京証券取引所、年末値、1970-2019

ポイント

●インフレの指標は、生鮮食品を除く消費者物価指数の上昇率が基本。

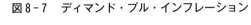

図8-7　ディマンド・プル・インフレーション

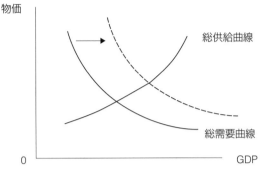

8.3　インフレやデフレはなぜ起きるのでしょうか

　インフレあるいはデフレは、需要面と供給面の2つの側面からとらえることができます。**総需要曲線**と**総供給曲線**による分析を紹介しましょう。みなさんは高校の「政治・経済」で、右下がりの需要曲線と右上がりの供給曲線の交点で需要と供給を等しくさせる均衡価格と数量が決まることを学びました（詳しくは第2章参照）。この需要・供給曲線の概念をマクロ経済全体に拡張したのが総需要曲線と総供給曲線です。総需要は消費、投資、政府支出、輸出、輸入（控除）の財市場と貨幣市場を総合した概念です。まず消費や投資などの需要（総需要）が増加すると、需要曲線は右上方にシフトします。供給が一定の下では需要側が供給より大きくなり、超過需要が発生するので、全般的に物価水準が上昇します。このときは需要サイドの増加によってGDPは増加します。なお、貨幣供給量が増加する金融緩和の場合も総需要曲線が右上方にシフトします。金融緩和により金利が低下することで投資需要が増加するからです。財市場での需要増加や貨幣市場でのマネーサプライ増加によって総需要が増加することで発生するインフレが**ディマンド・プル・インフレーション**です（図8-7）。逆に総需要が低下する場合は、総需要曲線が下方にシフトし、物価の下落とGDPの低下が生じます。物価の下落という**デフレーション**が発生し、景気の停滞が観察されるのはこのタイプです。総需要側の要因によってインフレやデフレが生じた場合は、総需要をコントロールする財政金融政策によってインフレやデフレから脱出するのが標準的な対策になります。

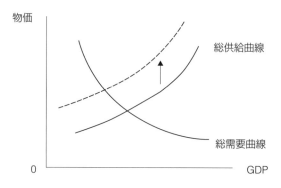

図8-8　コスト・プッシュ・インフレーション

物価

総供給曲線

総需要曲線

0　　　　　　　　　　　　　　　　　　　GDP

　次に供給側については、生産にかかわる原材料の価格や賃金が問題になります。原材料価格や賃金が上昇すると、企業の生産コストが上昇するので、経済全体の供給（総供給）曲線は上方にシフトします。経済全体として物価水準は上昇し、GDP は減少します。物価が上昇するので、以前の物価水準のときに比べて需要量は減少するので、生産量も低下し GDP が低下します。これが**コスト・プッシュ・インフレーション**です（図8-8）。この場合、物価の上昇と GDP の低下の併存という**スタグフレーション**の状態が現れることがわかります。第1次石油ショック後の日本経済はまさしくこのような環境にあったといえるでしょう。コスト・プッシュ型のインフレでは、費用を削減し総供給曲線を押し下げる政策をまず行うことです。原材料価格や賃金が低下した場合は、総供給曲線は右下方にシフトし、物価の下落と GDP の増加が生じます。

■**インフレとデフレは貨幣的現象である、とは**
　インフレとデフレについては、特に貨幣の側面を重視する見解があります。「インフレやデフレは貨幣的現象である」とよく表現されます。インフレーションは、物価全般が持続的・継続的に上昇していく現象です。モノの価格が近い将来値上がりするので、消費者は今モノを買おうとします（買うのは「今でしょ！」です）。今日1万円で買えるモノが明日は2万円になっているかもしれないのです。逆にお金（貨幣）の価値は下落していきます。お金よりもモノで持っていた方が得するのです。インフレ環境では財・サービスへの需要が増加するので、GDP の上昇要因となります。

　他方デフレーションは、物価全般が持続的・継続的に下落している現象です。今後もあらゆる財・サービスの価格が下がっていくことが予想されるので、人々は今はモノを買わずにお金（貨幣）で持っていようとします。同じモノが今日より明日の方が安く買えるのですから、いまは買い物を控え、手許にはモノよりもお金をおこうとします。モノへの需要が低下するのでモノの価格はいっそう低下し、お金の価値は上がります。財・サービスへの需要は低下するので、需要面からとらえた GDP は低下し、物価の下落と所得の低下の悪循環が生じます（**デフレ・スパイラル**）。インフレ下ではモノに対して貨幣価値が低下し、逆にデフレ下では、モノに対して貨幣価値が上昇します。これが「インフレ（デフレ）は貨幣的現象である」という意味です。

　以上の考え方に基づけば、インフレから逃れるには将来物価が上がり続けるという人々の期待を抑えることが必要になります。そのためには政府・中央銀行は需要を抑える財政政策や金融を引き締める政策を行います。他方、デフレから脱却するには、将来物価が上がるだろうというインフレ期待を人々が抱くようになるために、政府・中央銀行は拡張的な財政政策や金融緩和政策を採用します。積極的な金融緩和で**期待インフレ率**を引き上げ、緩やかなインフレを引き起こしてデフレから脱却しようとする政策を**リフレ（リフレーション）政策**と呼んでいます。インフレ率を設定した目標内に抑えるために中央銀行が行う政策は**インフレ・ターゲット**（コラムを参照）といいます。なお、経済に出回る貨幣供給量を増やすことで物価水準を引き上げようとする考えを支えるのは**貨幣数量説**という理論です。

ポイント

- 需要側が原因のディマンド・プル・インフレーションと供給側が原因のコスト・プッシュ・インフレーションがある。

8.4　アベノミクス：デフレとの闘い

　日本経済は1998年からデフレに陥り、そこから脱出するためもがき続けてきました。日本銀行が採用してきた主な政策をあげると、1999年2月〜2000年8月ま

で短期の政策金利である**無担保コール翌日物金利**（コールレートと略します）を限りなくゼロに引き下げる**ゼロ金利政策**を実施しました。コールレートは銀行同士が今日借りて明日返すときの超短期の金利です。銀行が企業に貸し出すときの金利はこのコールレートが基準になるので、コールレートが下がれば企業は投資しやすい環境になります。

　名目金利がゼロに下がった後では、それ以上に下げることはできないので、次に日銀は2001年3月～2006年3月にかけては**日銀当座預金残高**を増やして金融緩和を行う**量的緩和政策**を世界に先駆けて実施しました。日銀は、民間の銀行から大量の国債を買い入れその代金を銀行が日銀に開設している日銀当座預金口座に振り込みます。銀行は準備金以上の預金を日銀当座預金口座に置いても利益がでないので、日銀は民間の銀行が企業や家計に貸し出しを増やすように仕向けます。これにより企業の投資が増えて景気がよくなることを意図しました。これが量的緩和のねらいです。

　このような中で登場したのが安倍晋三内閣（2012年12月26日～2020年9月15日）による**アベノミクス**です。日銀は、政府とともに2013年1月には目標インフレ率2％を達成しようとする**インフレ・ターゲット**を導入しました。2013年4月には、2％のインフレ率を確実に実現させるために**マネタリーベース**（日本銀行が供給する通貨である現金と日銀当座預金残高の合計）を政策目標とした**量的・質的緩和政策**を導入しました。

　日銀がマネタリーベースを大幅に拡大すると、世の中にお金が多く出回ることが予想されるので、人々は近い将来インフレがおこるという**インフレ期待**をいだくようになります。インフレ期待が増大するといくつかのルートを通して実体経済に影響を与えます。まずは円安・ドル高を引き起こします。将来日本がインフレになることは円の価値が下がることになるからです。円安・ドル高は輸出を増やしGDPへプラスの効果を与えます。円安は輸出企業に追い風となるのでそれらの企業の株価を上げ、ひいては日経平均株価を上昇させる傾向が現れます。株価の上昇は高額所得者の消費を増やす副次効果もあります。さらに、インフレ期待の増大は**実質金利**（名目金利－期待インフレ率）を引き下げて、企業の投資を増加させる効果があります。名目金利はゼロより下がらないと思われていましたが、2016年1月29日に、日銀は日本で初の**マイナス金利**を導入しました。これは市中銀行が日銀に開設している日銀当座預金の一部にマイナス金利（－0.1％）

図 8 - 9　短期と長期金利

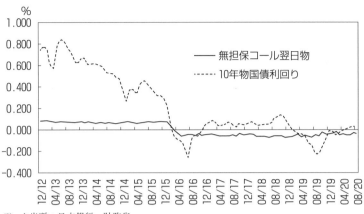

データ出所：日本銀行、財務省

を適用するものです。これによって、市中銀行が企業や家計に資金を貸し出すことを促そうとしたのです。2016年 9 月21日には**長短金利操作付き量的・質的緩和**を導入し、短期金利の無担保コールは－0.1％、長期金利の10年物国債の利回りはほぼゼロの両方を目標に金融緩和を継続しました（**図 8 - 9**）。

　アベノミクスは、その 7 年 8 カ月で、第一の矢である日銀による大規模金融緩和、第二の矢の機動的な財政出動、第三の民間投資を喚起する成長戦略の三本の矢を繰り出し、円高を修正して円安と株高を誘導し、**失業率**を引き下げ、**有効求人倍率**を引き上げ、何とかデフレから脱出することはできましたが、目標とした 2 ％の消費者物価上昇率は消費税引き上げの時期を除いて達成できませんでした（**図 8 -10**）。大規模金融緩和によって人々の期待インフレ率を引き上げて、実際のインフレ率を上昇させる政策は残念ながら実を結びませんでした。金融政策と財政政策の総合効果として GDP が増大すれば雇用も増え、賃金も上昇し、消費も増加することが期待されましたが、アベノミクスのもとでは、実質賃金の上昇を引き上げることができませんでした（**図 8 -11**）。

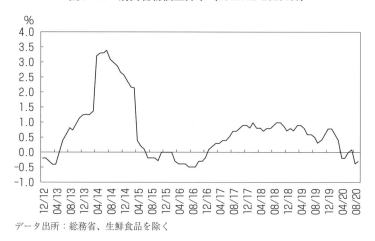

図 8-10　消費者物価上昇率（2012.12-2020.09）

データ出所：総務省、生鮮食品を除く

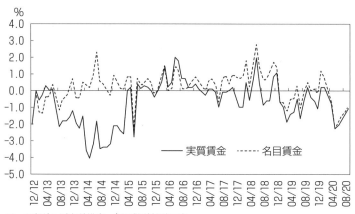

図 8-11　実質賃金と名目賃金上昇率

データ出所：厚生労働省、毎月勤労統計調査

ポイント

● 日銀による大胆な金融緩和を第一の矢としたアベノミクス。目標とした 2 ％のインフレは 7 年 8 カ月かけても達成できず。

8.5　今後マクロ経済学で学ぶこと

　インフレやデフレをより一層深く理解するためには、今後以下のような経済学の項目を学ぶ必要があります。例えば、本文中では消費者物価指数が登場しましたが、物価指数はどのように計算しているのかを理解することが必要です。また、本文中では総需要・総供給曲線（**AD-AS 曲線**）を使用しましたが、GDP の決定から **IS-LM** 分析を経て総需要・総供給分析にいたる一連の経済モデルの仕組みも学ぶ必要があります。

　また、テキストではできる限り経済データのグラフを載せましたが、ぜひみなさん自身でデータを収集し、表計算ソフトで整理した上でグラフを作成するという地道な作業もしてください。今では、政府のサイトからデータをダウンロードできるようになっています。データを見る力・読む力をつけてください。

コラム　インフレ・ターゲット（inflation targeting）とは？

　2013年 1 月22日に政府と日本銀行は、デフレ脱却に向け 2 ％の物価上昇率目標の導入を柱とする共同文書を発表しましたが、これは日銀がインフレ・ターゲットを採用したことを意味します。インフレ・ターゲットは、そもそもはインフレを抑えるために提案された政策ですが、デフレから脱出するために採用されたのは世界初です。インフレ・ターゲットは金融政策のフレームワークそのものの概念であり、数値目標を宣言するのは重要ではありますがその中の 1 つの要素にすぎません。インフレ・ターゲットは、中央銀行に政策目標を国民にはっきりと明示させ、金融政策の内容を国民に説明する「金融政策の透明性」を要求するパッケージとしての政策です。インフレ・ターゲットの仕組みを理解するために代表例としてインフレ・ターゲットを1990年に最初に導入したニュージーランドのケースをみてみましょう。

　ニュージーランドの中央銀行であるニュージーランド（NZ）準備銀行は、年度始めに政府側の代表である財務大臣との間で法律に基づいて、物価安定のために金融政策を実行するという契約書を取り交わします。この中で目標インフレ率を設定します。目標インフレ率を達成するために、NZ 準備銀行

は政策手段として目標とする**政策金利**を設定し、公開市場操作を通じて、市場全体の金利を政策金利に近づくように誘導します。政策金利の設定→短期金利全般のコントロール→経済活動のコントロール→物価の安定、というルートでNZ準備銀行は物価の安定を目指します。通常の状況でインフレが設定目標（2％のインフレ）を超えるかあるいは超える可能性がでてきた場合は、NZ準備銀行は「政策報告書」でその理由を明らかにし、インフレが目標内に収まるような政策をとらなければなりません。インフレ目標が準備銀行側の責任によって達成されなかった場合は、NZ準備銀行総裁は最終的には罷免されることもあります。NZ準備銀行は四半期ごとに「政策報告書」を公表して自らの説明責任を果たすと同時に、ときには外部識者からの政策評価も受けます。これまでは、インフレ・ターゲットを採用した90年以降、インフレ率を低位に安定させることをみごとに実現させ、インフレを目標値の範囲内に抑えることに成功していると概ね良好な評価を受けています。

　1990年のニュージーランドの採用以降、インフレ・ターゲットを採用する国は増え続けています。カナダ、イギリス、スウェーデン、フィンランド、オーストラリア、スペインなどに加え、EUの中央銀行であるECB（European Central Bank：欧州中央銀行）やアメリカのFRB（Federal Reserve Board：連邦準備理事会）も事実上インフレ・ターゲットを採用しています。

　日銀が採用したインフレ・ターゲットは、従来のインフレを抑えるタイプではなく、デフレから脱却するために、マイルドなインフレを引き起こすためのインフレ・ターゲットであることが大きな違いです。デフレから抜け出すためにインフレ・ターゲットを採用したのは日銀が最初です。日銀のインフレ・ターゲット、特に2013年4月4日に決定した黒田東彦（はるひこ）総裁の下での「**量的・質的金融緩和**」政策では、経済全体の貨幣量の元となる**マネタリーベース**を大幅に拡大させて、期待インフレ率を引き上げることにより、円高から円安へ導き、**実質金利**（名目金利－期待インフレ率）を引き下げ、輸出や投資を増加させ、株価を引き上げ、最終的にはGDPの増大、雇用の増大、賃金、消費の増加により結果として消費者物価指数で2％のインフレ率を実現させることを意図していました。日銀によるインフレ・ターゲット政策の進捗状況と評価は、日銀総裁もメンバーである政府の経済財政

諮問会議で検証することになっています。

【読書案内】

吉川洋（2013）『デフレーション』日本経済新聞出版

　なぜ、日本はデフレーションから脱却できないのかという問題意識を突き詰めた書物です。賃金の引き上げが鍵であると主張しています。

第9章 ゲーム理論

9.1 ゲーム理論とは何か？　なぜゲーム理論を学ぶか？

■世の中をゲームでとらえる？！

　みなさんは「ゲーム」と聞いて何を想像するでしょうか。一般的には、例えば、じゃんけんやトランプ、将棋に始まって、野球やサッカーなどのスポーツ、携帯端末を使ったオンライン対戦型のゲームを思いつくかもしれません。しかし、それだけがわれわれが考える「ゲーム」ではありません。自分の行動が相手の行動に左右されてしまう、反対に自分の行動が相手の行動を変えていく。このようなお互いの行動が相互に影響を与えあう状況を「ゲーム」だと考えると、日常生活に潜むさまざまな場面はゲームに変わってしまいます。

　じゃんけんやオセロや将棋などのボードゲームはもちろん、どのゼミに第一志望を出すのかも周囲の状況を読みながらのゲームとなるでしょう（全員が人気のあるゼミに応募すると、自分は入れないかもしれません）。また、みなさんが買い物をするコンビニもゲームをしています。ライバル関係にあるコンビニ同士で、おいしいデザートの商品開発を競っていたり、価格をいくらに設定するのかを相手の商品の価格を見て決めるなど、熾烈なゲームをくり広げています。隣国との外交も相手国の出方をお互いが読みあい、強気な姿勢で交渉をしたり、妥協案を出したりしている点で、ゲームと捉えることができます。

　また、ルールの作り手とプレイヤーもまたゲームをしていると考えることができます。例えば、法律や環境汚染の国際協定などのルールを決めるときには、そのルールのもとでプレイヤーである市民や国がどのように行動してくるかを考えますよね。そのうえで、社会的に望ましいルールを作っていきます。

■ゲーム理論とは？

　ゲーム理論は、上記のような経済現象や社会問題をゲームとして捉え、プレイヤーがどのように戦略を決めて行動するのかを論理的に説明する学問です。それが分かれば、ゲームの先でどのような結果が起こるのか、その結果は社会にとって望ましいものになるのか、もし望ましくないとしたらどうすれば望ましい制度・協定や法ルールで解決できるのか、を考えることができるのです。

　この章では、ゲーム理論の入門として、日常的な例を用いてゲーム理論の考え方を学んでいきましょう。

9.2　ゲームを解く準備

　「習うより慣れよ」、という言葉があります。とにかく、ゲーム理論の考え方を理解できるようになるには、実際にゲーム理論を使ってゲームを解いてみる方が早いでしょう。ゲームをする、というのは聞いたことがあるかもしれませんが、ゲームを解くとは一体どういう意味なのでしょうか？　**「ゲームを解く」**とは、誰がどのような行動をするかを論理的に考えて、最終的にどのような結果になるかを導き出すことです。

　ここでは、準備段階としてゲーム理論で使う用語や分析ツールを学びましょう。ゲームは次の3つの要素でできています[1]。

> ゲームに必要な3つの要素
> ①**プレイヤー**：ゲームを実際に行う当事者
> ②**戦略**：プレイヤーが取ることができる行動
> ③**利得**：プレイヤーの目的を数値で表したもの（お金や点数、満足度）

　まず、①**プレイヤー**は、ゲームを行う当事者を指しています。ゲームは自分と相手の行動がお互いに影響を与えあう状況のことなので、以下では、プレイヤーは（少なくとも）2人いる状況を考えていきましょう。②**戦略**は、プレイヤーが選ぶことができる行動のことです。例えばじゃんけんだと、「グー」「チョキ」

1）実際の経済現象や社会問題は複雑で、選べる戦略の数だけでも非常に多くなってしまいます。なので、大切な要素だけを取り出した簡単なケースを考えていきます。それによって、ある現象の本質を明らかにすることができるのです。このような考え方を「モデル化」といいます。

「パー」の3つが戦略となるでしょう。③**利得**はプレイヤーの目的を数値で表したもので、お金や点数などから、満足度や不満といった気持ちを表すこともできます。プレイヤー同士がそれぞれ戦略を決めたとき、ある戦略の組が実現しますが、その戦略の組によって両者の利得が決まります[2]。

9.3　ゲーム1：デートの行先はどのように決まるか？

　以下では大学生のA君とBさんを取り巻く日常生活におけるゲーム的状況を考えていきましょう。ここでは、代表的な**メカニズム**（仕組み・構造）を持つ2つのゲームをそれぞれ解説していきます。

【状況】

> A君とBさんは、今度の日曜日にするデートの計画を立てています。
> A君はサッカー観戦に、Bさんは映画を見に行きたいと考えています。2人は仲良しなので、それぞれ別々のところに行くよりも、いっしょに同じところに遊びに行くことを望んでいます。
> しかし、A君もBさんも「好み」が違っています、困りましたね。

　みなさんも家族で旅行先を決めるときや、どこで外食をするかを決めるときがあるかもしれません。また、友だち同士で集まって何をして遊ぶかを決めることもあるでしょう（カラオケに行ったり、洋服を買いに行ったり…）。このような何気ない日常生活の一場面も、実はゲームとして考えることができるのです。この例では、

- プレイヤー：A君とBさん
- 戦略：「サッカー」と「映画」
- 利得：どこに行くかによって決まる満足度

がゲームの要素になっています。

2）以下では、これらの要素やゲームのルールをプレイヤーは知っているとします。

表9-1　ゲーム1の利得表

Bさん

		サッカー	映画
A君	サッカー	（4、3）	（2、2）
	映画	（0、0）	（3、4）

■**ゲームを表す便利ツール：利得表**

　このゲームを「利得表」を使って表してみましょう（表9-1）。**利得表**というのは、ゲームのプレイヤー、戦略、利得を分かりやすく表にしたものです。ここでの利得は、A君とBさんの満足度を数値で表したものと考えてください。

　それでは利得表を読み解いていきましょう。覚えておいてほしいポイントは、各プレイヤーが選んだ戦略の組み合わせによって利得が決まる、という点です。ここでは、利得表の括弧内の左側がA君の利得を、右側がBさんの利得を表しています。

　例えば、A君とBさんが2人とも「サッカー」を選んだとすると、A君の利得は4、Bさんの利得は3ということになります。A君とBさんが2人とも「映画」を選んだとすると、A君の利得は3、Bさんの利得は4です。それぞれ自分が望んでいるところへ行ければ、相手よりも利得が高くなっています。

　A君が「サッカー」、Bさんが「映画」とそれぞれ別々のところを選んだとするとどうでしょうか。このとき、それぞれ好みの行先を選んでいるのですが、2人で同じところに行けないため、2人の利得は2となってしまいます。A君が「映画」、Bさんが「サッカー」であった場合、2人はばらばらで、さらに行きたくないところなので利得は0になります。

■**ゲームを解いてみよう**

　では、A君とBさんが選ぶ戦略は最終的にどのように落ち着くのでしょうか。A君とBさんの利得の大きさは、自分の戦略だけでなく、相手が選ぶ戦略によっても変わってきます（これを「戦略的に相互依存関係にある」といいます）。したがって、お互いに相手の戦略を予測しあい自分の戦略を決めていく必要があるでしょう。

■それぞれのプレイヤーの立場で最適反応を考えよう

①A君の立場から考える

　A君が「Bさんは『サッカー』を選ぶ」と予想するとき、A君は「映画」に一人で行くと利得が0であるのに対して、いっしょに「サッカー」に行くと利得は4になります。つまり、「サッカー」の方が利得は高くなることがわかります。つまり、Bさんが「サッカー」を選んだ場合、

利得0（A君「映画」）＜利得4（A君「サッカー」）

となるので、より利得の高い「サッカー」が最適な戦略になります。

　Bさんが「映画」を選ぶと予想する場合には、一人でサッカーを見に行ってもつまらない（利得は2）ので、「映画」を選ぶ方（利得3）が望ましくなります。したがって、Bさんが「映画」を選んだ場合、

利得3（A君「映画」）＞利得2（A君「サッカー」）

となり、より利得の高い「映画」が最適な戦略となります。

　このように、相手の戦略に応じて決まってくる自分にとって利得の高い戦略を最適反応と呼びます[3]。これはとても大事な言葉になるのでしっかり覚えておきましょう！

ポイント

> 最適反応
> 相手プレイヤーのそれぞれの戦略に対して、一番利得が高い戦略のこと

②Bさんの立場から考える

　BさんもA君と同じようにして相手の行動を予測し、自らの戦略を決めます。Bさんを考えるときは、括弧の中の右側の数字に注目します。A君が「サッカー」を選ぶと予想するとき、Bさんの最適反応は「サッカー」となります。なぜなら、

利得2（Bさん「映画」）＜利得3（Bさん「サッカー」）

3）経済学では、ある経済主体にとって、もっともよい選択のことを「最適」という言葉で表します。例えば、消費者が効用を最も大きくするために行う消費量のことを最適消費と呼びます。

表9-2　ゲーム1の利得表（最適反応の数字に印をつけている）

Bさん

		サッカー	映画
A君	サッカー	(<u>4</u>、<u>3</u>)	(2、2)
	映画	(0、0)	(<u>3</u>、<u>4</u>)

となり、「サッカー」を選択した方が利得が高くなるからです。

　一方、A君が「映画」を選ぶと予想するときのBさんの最適反応はどうなるでしょうか。A君が「映画」を選んだ場合、利得の大小を比べると、

利得4（Bさん「映画」）＞利得0（Bさん「サッカー」）

となります。よって、より利得の高い「映画」が最適反応となります。

③最適反応に印をつける

　①②から、A君とBさんの最適反応を求めることができました。お互いの最適反応の戦略の数字に分かりやすく印をつけたものが表9-2です。A君にとっての最適反応には下線を、Bさんにとっての最適反応には二重下線を引いています。

ポイント

解き方のコツ
それぞれのプレイヤーの最適反応となる利得に印をつけよう！

④ナッシュ均衡を求める

　2つの数字に印がついている「サッカー」「サッカー」の戦略の組み合わせと、「映画」「映画」の戦略の組み合わせは、何を意味しているのでしょうか。このような戦略の組み合わせは、お互いが相手の戦略に対して利得の高い戦略（最適反応）を選んでいます。このとき、その戦略の組み合わせから他の戦略に変えるインセンティブを持っていないという意味で安定しています。この「他の戦略に変える」ことを**逸脱**というので覚えておきましょう。

　例えば、「サッカー」「サッカー」の組み合わせを見てください。A君が逸脱し

126

て「映画」に変えてしまうと、利得4から利得0に下がってしまいます。Bさんも同様に「映画」に逸脱すると利得が3から2に下がります。ですので、両プレイヤーとも、戦略を変えることなく安定しています。「映画」「映画」の組み合わせも逸脱のインセンティブがないことを確認してください。

　このような安定した戦略の組み合わせを、提唱者の名前をとって「**ナッシュ均衡**」といいます[4]。したがって、このゲームには「サッカー」「サッカー」と「映画」「映画」という2つのナッシュ均衡が存在します。このようにゲームが行き着く先であるナッシュ均衡を求めることを、ゲームを解くといいます。

ポイント

> ナッシュ均衡
> 両プレイヤーが最適反応をとっており、どのプレイヤーも自分だけ戦略を変えても利得を増やすことができないような安定した戦略の組み合わせ

■ナッシュ均衡を読みとく

　このゲームは、男性と女性がお互いに行きたいところが一致していないという状況を指して、**男女の争い**と呼ばれています。男女の争いでは、「お互いにとって利得が高い均衡がそれぞれある」という特徴を持っています。A君にとってはサッカーに行く均衡の方が利得が高いですが、Bさんにとっては映画に行く均衡の方が利得は高くなっています。

　それではこれら2つのナッシュ均衡のうち、実際にどちらが選ばれることになるのでしょうか？　例えば、**慣習**や**第三者の助言**を考えてみましょう。**レディファースト**という慣習があれば、Bさんを女性だとすると、Bさんにとってサッカーに2人で行くよりも映画に行く方が利得が高いため、「映画」「映画」の戦略がプレイされることになります。これは、「こういうときは女性を優先して映画に

4）(1) このナッシュ均衡というのは、ジョン・F・ナッシュによって1950年代に提唱された考え方です。ナッシュ均衡を発見したナッシュは、『ビューティフルマインド』(2001年) でその数奇な人生が映画化されています。(2) 経済学では、安定した点のことを「均衡」という言葉で表します。完全競争市場において、需要と供給が一致している点を市場均衡点といいますが、この市場均衡では消費者は効用を、生産者は利潤を最大化しているため、お互いに均衡価格以外で取引するインセンティブを持たないという意味で安定しています。

行くものだ」というレディファーストの慣習の存在が、2人の戦略の決定の基礎となっており、そこからは他の戦略に変えるインセンティブがないためです[5]。

　また、第三者（共通の友だち・知り合いや親）に相談し「今日はサッカーに行くべきでは？」などの助言をもらったとしましょう。このとき、お互いにこの助言が基礎となり、「相手はサッカーに行くだろう」と仮定して戦略を決めます。両者の最適反応はサッカーとなるので、「サッカー」「サッカー」の戦略がプレイされます。このように、慣習や第三者の助言が選ばれる均衡に影響を与えることがあるのです。

　このような争いは男女間だけでなく、友達や家族同士、時には会議の場でも起こります。日常的な一場面をモデル化し一般的にすることで、さまざまな状況を説明するメカニズムを説明することができるのです。この点にゲーム理論の面白さがあると言えるでしょう。以下のゲームでも、「日常生活に置き換えると他にどんなことが説明できるだろう」と具体的に考えながら、読み進めてみてください。

9.4　ゲーム2：なぜ2人は仲直りできないのか？

【状況】

A君とBさんはちょっとしたことで口論となり、険悪な雰囲気となってしまいました。
お互いが謝って仲直りをしたいという気持ちを持っています。しかし、「相手が謝らずこっちだけ謝るのは最悪だ」と思っており、反対に自分の悪いところは認めず相手だけ謝ってくれるなら良いのにと考えています。お互いが謝らない場合には、気分の悪いけんか状態が続いてしまいます。
2人はお互いに謝ることを選び、無事仲直りをすることはできるのでしょうか…

5）このようにお互いが「この解がもっともらしい」と納得しているような解を、シェリングポイントといいます。この名称は提唱者のトーマス・シェリング（2005年ノーベル経済学賞）にちなんでいます。

表9-3　ゲーム2の利得表

Bさん

		謝る	謝らない
A君	謝る	(3、3)	(0、4)
	謝らない	(4、0)	(1、1)

　このような状況も、自分の出方だけでなく相手の出方で両者の利得が変わってしまうため、ゲーム理論で分析することができます。ゲームに必要な3つの要素を整理してみましょう。

- プレイヤー：A君とBさん
- 戦略：「謝る」と「謝らない」
- 利得：2人の状況や雰囲気から得られる満足度

■利得表でゲームを表そう

　このゲームの利得表は表9-3のように書くことができます。

　お互いが「謝る」を選び、仲直りをした場合には、両プレイヤーとも利得3を獲得します。一方だけが「謝る」を選んだ場合には、謝る方の利得は0で、謝らない方の利得は4となります。2人とも「謝らない」を選ぶと、けんか状態が続くため互いに利得は1となってしまいます。

■それぞれのプレイヤーの立場で最適反応を考えよう

①A君の立場から考える

　Bさんが「謝る」を選ぶと予想した場合、A君はどう考えるでしょうか。A君は「Bさんが謝ってくれるなら、こちらから謝る必要はない」と考え、「謝らない」が最適反応となることがわかります。なぜなら、A君が「謝る」を選ぶと、利得は3になるのに対して、「謝らない」を選ぶと4の利得を得ることができるからです。

　では、Bさんが「謝らない」と予想する場合を考えみましょう。このとき、A君は「Bさんが謝らないなら、こっちだって謝りたくない」と考え、「謝らない」が最適反応となります（「謝る」場合の利得0＞「謝らない」場合の利得1）。

　以上から、Bさんが「謝る」を選ぼうと、「謝らない」を選ぼうと、A君は

表9-4　ゲーム2の利得表（最適反応の数字に印をつけている）

		Bさん	
		謝る	謝らない
A君	謝る	（3、3）	（0、<u>4</u>）
	謝らない	（<u>4</u>、0）	（<u>1</u>、<u>1</u>）

「謝らない」を選ぶことが最適な戦略であるということがわかりました。このように、相手の戦略に関係なく、自分の他の戦略よりも高い利得が得られる戦略のことを**支配戦略**と呼びます。

②Bさんの立場から考える

　Bさんの最適反応はどのように求められるでしょうか。A君と同様に考えると、A君が「謝る」を選ぶ場合には「謝らない」が、A君が「謝らない」を選んだ場合にも「謝らない」が最適反応となることがわかります。

　したがって、A君がどちらの戦略を選ぼうとも、Bさんにとっての最適な戦略は「謝らない」となります。すなわち、「謝らない」戦略はBさんにとっての支配戦略となります。

　以上から、先ほどの利得表（表9-3）に、最適反応となる利得に印をつけてみましょう。すると、表9-4のようになります。

③ナッシュ均衡を求める

　それでは、表9-4を見ながら、ナッシュ均衡を求めてみましょう。すると、2人のプレイヤーの数字に印がついている、最適反応の組み合わせとなっているナッシュ均衡は、「謝らない」「謝らない」の戦略の組み合わせということがわかります。

　なぜ他の戦略の組み合わせはナッシュ均衡とはならないのでしょうか。例えば、A君が「謝らない」を選び、Bさんが「謝る」を選ぶ組み合わせを考えてみましょう。A君は、Bさんの「謝る」に対する最適反応（「謝らない」）を選んでいるため戦略を変えるインセンティブを持っていません。しかし、Bさんは「謝る」から「謝らない」に戦略を変えることによって、利得を0から1に高めることができます。つまり、Bさんには逸脱をするインセンティブが存在するのです。し

たがって、この戦略の組み合わせは安定しておらず、ナッシュ均衡とはなりません。「謝らない」「謝らない」のナッシュ均衡以外の、他の戦略の組み合わせにも逸脱をするインセンティブがあることを確認してみましょう。

　なお、お互いのプレイヤーにとっての支配戦略は「謝らない」であるため、このゲームではナッシュ均衡は「謝らない」「謝らない」の1つとなります。このような、支配戦略の戦略の組み合わせによるナッシュ均衡を、とくに**支配戦略均衡**といいます。

■ナッシュ均衡を読みとく

　前に扱った「男女の争い」では2つのナッシュ均衡がでてきましたが、このゲームのナッシュ均衡は「謝らない」「謝らない」とただ一つに求めることができました。ただ、利得表を見ると、実はこのナッシュ均衡よりも2人にとってより良い戦略の組み合わせが存在することがわかります[6]。それは、「謝る」「謝る」の戦略の組み合わせです。2人が謝らずけんか状態が続いてしまった場合にはそれぞれの利得は1ですが、2人が謝って仲直りできた場合には利得を3ずつ獲得することができるからです。

　それぞれが合理的に考えて一番良い戦略を選んだ結果、お互い謝ることはなく、仲直りするという2人にとってもっとも望ましい状態が実現しないというジレンマに直面することがわかりました。このような特徴を持つゲームは、「**囚人のジレンマ**」という名前がついています[7]。

ポイント

> 囚人のジレンマの特徴
> ●両プレイヤーにとって支配戦略が存在する（ここでは、「謝らない」戦略のこと）。
> ●ナッシュ均衡は、「謝らない」「謝らない」の戦略の組み合わせとなる。こ

---

6) ここで「2人にとってより良い」とは、プレイヤーそれぞれの利得が大きくなるという意味です。

7) 囚人というのは、罪を犯して囚われている人のことですが、なぜ「囚人のジレンマ」という物騒な名前が付けられているのでしょう。これについては、『トリアーデ経済学2　ミクロ経済学入門』で勉強しましょう。

の戦略の組み合わせは、支配戦略均衡である。

● 2人にとっての利得がより高くなる「謝る」「謝る」の戦略の組み合わせは実現しない。

　この「囚人のジレンマ」は、軍備拡張（コラム「なぜ軍縮問題は解決しないのか？」）、二酸化炭素の排出規制といった国際間の環境問題、競合する店同士の値下げ問題、契約を結ぶか否かに関する問題（第10章法と経済学）など日常生活だけでなくさまざまな場面に現れています。みなさんの身の回りにも当事者にとって望ましくない状態が実現してしまっていると感じることはないでしょうか。その問題は、囚人のジレンマで説明することができるかもしれません。なお、第10章の法と経済学では、契約にまつわる囚人のジレンマの問題を説明し、そのジレンマを法がどのように解決するのか？ということを考えます。

コラム　なぜ軍縮問題は解決しないのか？

　人類が平和な世界の実現を願っていることに疑いの余地はないでしょう。ではなぜ、国家は核をはじめとする兵器や軍隊を縮小できないのでしょうか。この問題を「囚人のジレンマ」で説明してみましょう。

　A国とB国という2国のプレイヤーを考えます。両国の持つ戦略は、「ミサイルを廃棄する」と「ミサイルを持つ」です。このとき、利得表は以下のように書くことができます。なお、A国の利得は括弧の左側の数値、B国の利得は括弧の右側の数値です。

利得表：軍縮問題

		B国	
		ミサイルを廃棄する	ミサイルを持つ
A国	ミサイルを廃棄する	（5、5）	（0、<u>9</u>）
	ミサイルを持つ	（<u>9</u>、0）	（<u>1</u>、<u>1</u>）

　まずは、A国にとっての最適反応を求めます（最適反応となる利得に下線を引いています）。B国が「ミサイルを廃棄する」場合、「ミサイルを持つ」

戦略を選びます。これは、自国だけがミサイルを持つことによって、軍事力を背景に自国の交渉力を高められるなどの理由が考えられます。B国が「ミサイルを持つ」場合にも、対抗するために、やはりA国は「ミサイルを持つ」戦略を選びます。したがって、A国にとって「ミサイルを持つ」戦略は支配戦略となっているのです。これは、B国にとっても同じで、「ミサイルを持つ」はB国の支配戦略となっていることを確認してください。

　このように、両国にとって利得が高い「ミサイルを廃棄する」「ミサイルを廃棄する」という戦略の組み合わせは実現せず、「ミサイルを持つ」「ミサイルを持つ」という戦略の組み合わせがナッシュ均衡となってしまうのです。

9.5　まとめ

　本書では、ゲーム理論の入門として2つのゲームを解説しました。ゲーム理論で分析したメカニズムは、社会のあらゆる場面で観察することができます。みなさんも、他にはどんなことに使えるのだろうと考えてみてください。

　また、ゲーム理論にはまだまだ奥深い世界が残されています。本書を読んで疑問に思ったことはなかったでしょうか。例えば、「A君が先に戦略を決めて、それを見てBさんが戦略を決めるという状況もあるのでは？」とか、「A君とBさんの話し合いや争いが一回だけでなく、何度も繰り返し起こったらどうなるのだろう…」など、実は説明していない部分が多く残されています。

　さらに、ゲーム理論の応用分野は幅広く、あらゆる研究分野に進出し、その有用性を示しています。より経済学に近い企業行動への応用だけでなく、環境問題への応用、政治学への応用、法学への応用などです。本書を皮切りにゲーム理論を、より深く、より広く学んでいってくださることを期待しています。

【読書案内】

　〈新書編〉：200ページほどで薄くて読みやすいです。一流の経済学者たちが一般の方々に向けて分かりやすく噛み砕いて書いています。手始めにこれらの新書から読んでみましょう。おすすめ順に並べています。

[1]　松井彰彦（2010）『高校生からのゲーム理論』ちくまプリマー新書、筑摩書房

一言…イラストも多く、文章も砕けていて分かりやすい。

［2］　梶井厚志（2002）『戦略的思考の技術—ゲーム理論を実践する—』中公新書

一言…ゲーム理論を通して「戦略的思考」を身に着けてみては？

［3］　鎌田雄一郎（2020）『16歳からのはじめてのゲーム理論"世の中の意思決定"を解き明かす6.5個の物語』ダイヤモンド社

一言…ネズミ親子のストーリーを読むと、ゲーム理論のエッセンスがわかる！

第10章 法と経済学

10.1 法と経済学とは何か？

■ルールをインセンティブの観点から考える

　みなさんはどんなスポーツをしたことがあるでしょうか。野球、サッカー、ラグビー、バスケットボール、テニス、バレーボール…などが挙がるかもしれません。これらのスポーツにはそれぞれに特徴がありますが、それは「ルールの違い」ということができます。そして、このルールの違いこそが、プレイヤーができること、できないことを決め、全く異なるスポーツの世界を作り出しています。

　ルールの役割について、もう少し深く考えてみましょう。例えば、サッカーでは、「故意にボールを手で触れば反則とする」というルールがあります。味方のゴールの前でゴールを決められてしまいそう！など、大事な場面で手で触ってしまったりすれば、レッドカードが出てすぐに退場させられるというペナルティ（罰則）を受けてしまいます。このルールの存在が、手でボールを触らないようにする**インセンティブ**（動機付け）を個々のプレイヤーに与えているのです。そしてこの手を使えないというルールがあるからこそ、もどかしさが生まれて、サッカーはより面白く、白熱したものになるといえるでしょう。つまり、サッカー選手だけでなく、見ている観客も含めた全員にとって望ましい状態になっているのです。

　以上から、ルールの存在は、それに関わる人々のインセンティブに大きな影響を与え、取るべき行動を変化させるという意味でとても重要です。ルールがなかったり、ルールの設定を間違えると、プレイヤーたちは適切な行動を取らなくなってしまい、ゲーム自体が全く面白くなくなってしまうでしょう。これは競技に参加しているすべての人にとって不幸なことです。

■法と経済学とはなにか?

　私たちを取り巻く代表的なルールはなんでしょうか?　そう、法律ですね。意識しているにせよ、していないにせよ、スポーツの例と同じように、法律というルールの中で私たちは行動を決めています。この法ルールは広く国民全体の行動に影響を与えるのでとても重要です。**法と経済学**は、①ある法ルールは人々の行動にどのような変化を与えるのか、②そのような行動の変化は社会全体にとって望ましいものなのか、を経済学のツールを用いて分析する学問です。次に、この①と②の2つの視点と経済学の関係について、より詳しく説明をしていきます。

■なぜ「経済学」で法を分析するのか?

①ある法ルールは人々の行動にどのような変化を与えるのか

　法ルールの分析には、個人のインセンティブの変化に着目することが重要になります。その点、経済学は強力なツールとなります。なぜなら、経済学はインセンティブを分析するための理論的な**モデル**[1]を発展させてきており、人々のインセンティブがどのように変化するかについて多くの知見を蓄積しているからです。

　モデルを用いてある事象を分析するときには、「人々は**合理的**である」ということを仮定します。合理的とは、将来のことを予測して自らの期待利得を最大化するように振る舞うということです。合理的な人を仮定しモデル分析を行うことで、ある法ルールのもとで、人々はどんな行動を取るのかについて理論的に予測をすることができます。

②そのような行動の変化は社会全体にとって望ましいものなのか

　さらに、経済学の「**効率性**」という基準を用いることによって、法ルールを「社会にとっての望ましさ」という側面から評価することができます。法律は社会全体や国民経済に大きく影響を与えます。したがって、その法律によって社会的に望ましい状態は達成されているのかという効率性を考えることが重要となります。この社会全体という視点をもてるようになることも、経済学の魅力の1つでしょう。

　この章では、法ルールのなかでも特に、契約に関する法ルールと自動車事故に関する法ルールを具体的に考えていくなかで、法と経済学の考え方を理解してい

---

1) モデルとは、現実の世界からエッセンスとなる部分だけを取りだして考える分析手法のことです。

きましょう。

ポイント

> 法と経済学とは何か？
> ①ある法ルールは人々の行動にどのような変化を与えるのか、②そのような行動の変化は社会全体にとって望ましいものなのか、を経済学のツールを用いて分析する学問である。

10.2　契約の法と経済学

■契約の持つ経済学的な意義

　私たちの身の回りはさまざまな**契約**であふれています。みなさんは大学に入学していますが、これも大学との契約といえますし、お金を支払い財やサービスを購入することも売買契約です。毎日使うスマホや、通学時に乗る電車、バスなども実は契約を結んでいます。人々は契約を自由に結び、それを履行しています。しかし、そもそもなぜ私たちは契約を結ぶのでしょうか？　それは契約を結ぶことによって、当事者同士が幸せになれるからです。

　まずはこのことを経済学的に考えてみましょう。脅迫されたり、騙されたりした契約を除くと、私たちは自発的に契約を交わします。これは当事者同士が「契約をする方が得だ」と考えるからです。次のような売買契約でこのことを説明してみましょう（第2章市場の効率性を合わせて読むことで理解がより深まります）。

【売買契約のストーリー1】

> 　A君はBさんが作った洋服を買おうとしています。A君はその洋服を見て「素敵な洋服だな、5000円までなら支払ってもいいな」と考えています。Bさんは、洋服を作った費用（仕入れ値や手間、材料費、技術費用など）を考えて、最低でも2000円で売りたいと考えて、3000円という価格をつけています。

A 君は、自分が支払ってもよいと思っている額（これを「**支払意思額**」と呼びます）は5000円であるにもかかわらず、3000円で洋服を買うことができます[2]。その差分として、

$$\underset{\text{支払意思額}}{5000円} - \underset{\text{代金}}{3000円} = \underset{\text{消費者余剰}}{2000円}$$

だけ得をします。一方、Bさんは最低でも2000円で売りたいと考えていることを考慮すると、

$$\underset{\text{代金}}{3000円} - \underset{\text{費用}}{2000円} = \underset{\text{生産者余剰}}{1000円}$$

だけ得をすることができます。以上から、2人とも得をするので、2人には自発的に契約を結ぶインセンティブがあり、したがって売買契約が成立します。

この契約の当事者が取引から得た新たな価値のことを**余剰**といいます。A 君は消費者なので、A 君が得た2000円分を**消費者余剰**といい、生産者であるBさんが得た1000円分を**生産者余剰**といいます。この取引契約によって社会全体には、

$$\underset{\text{消費者余剰}}{2000円} + \underset{\text{生産者余剰}}{1000円} = \underset{\text{社会的余剰}}{3000円}$$

と3000円の余剰が発生しました。この3000円を**社会的余剰**といいます。

このように消費者と生産者が自由に取引契約を結び、売買を行うことによって社会全体に余剰が生じるのです。この点、誰とどんな契約を結ぼうとも自由であるとする、近代市民法の原則である「**契約自由の原則**」は経済学的にも妥当だといえます。以上から、人々が契約を結びやすくなるよう促進・支援するような法ルールが望ましいということができます。

---

2) この価格は、A 君が購入したいと思える金額未満で、Bさんが売って利益が出る金額より大きければ今後の議論に差し支えありません（つまり、5000円から2000円の間ですね）。例えば、3500円とすると、消費者余剰と生産余剰がそれぞれ1500円となります。ここでは分かりやすさのために3000円としておきましょう。

ポイント

> 契約の持つ経済学的な意義
> ●人々が自由に契約を結ぶことにより、社会全体の余剰は増加する。
> ●したがって、契約の促進・支援をする法ルールが望ましい。

■契約が自発的に結ばれない場合がある？

　売買契約のストーリー1では、A君とBさんは自発的に契約を結んでおり、そこに法ルールが介入する余地はありませんでした。では、次のような場合はどうでしょうか[3]。

【売買契約のストーリー2】

> A君はBさんの洋服店のサイトで買い物をしようとしています。そのサイトには「注：支払いを確認してから商品を発送します」と書かれています。さて、A君はこの商品を買うためにお金を支払い、売買契約を結ぶのでしょうか。

　このストーリー2のように、契約の履行に時間差があると、A君は売買契約を結ぶことはありません。契約をしてお金を支払ったとしても、相手がお金を盗んでそのままいなくなってしまったり（これを「着服」といいます）するかもしれないからです。

　「このままでは売買契約が結ばれることがない」ということを、第9章で学んだゲーム理論を用いて考えてみましょう。**ゲーム理論**は、自分の行動が相手の行動に影響を与えあう状況を分析することができるため、相手が約束を守るか否かによって自分もお金の支払いをするか否かを決める売買契約を考えるのに適しているのです。ここでのA君の選択肢（戦略）は「支払う」と「支払わない」であり、Bさんの選択肢（戦略）は「商品を届ける」と「着服する」です。

3）これ以降の分析は、『法と経済学　新版』（ロバート・D. クーター　トーマス・S. ユーレン、太田勝造（訳）、商事法務研究会、1997 年）の 209〜214 ページの解説に依拠しています。同書は、法と経済学の定評ある入門テキストとなっています。

表10-1　ストーリー2の利得表

Bさん

A君		商品を届ける	着服する
	支払う	(2000、1000)	(−3000、3000)
	支払わない	(0、0)	(0、0)

　このときの**利得表**（戦略と利得をまとめて表したもの）は**表10-1**で表すことができます。括弧内の左の数値がA君の利得を、右の数値がBさんの利得を意味しています。

　A君が「支払う」を選び、Bさんが「商品を届ける」場合を見てください。このとき、売買契約が成立し、A君は消費者余剰として求めた2000を、Bさんは生産者余剰として求めた1000を得ることができます。A君が「支払う」を選び、Bさんが「着服する」場合はどうでしょうか。A君は3000円の代金を支払ったので−3000となりますが、Bさんはその代金を着服したので3000円を獲得することができます。なお、A君が「支払わない」を選んだ場合には、Bさんの戦略に関係なく売買契約は不成立ですので、両者とも0の利得となっていることを確認してください。

　それでは、A君とBさんの**最適反応**を求めてナッシュ均衡を求めましょう。最適反応とは、「相手プレイヤーのそれぞれの戦略に対して、一番利得が高い戦略のこと」（第9章ゲーム理論より）でした。

①A君の立場から考える

　まず、A君が「Bさんは商品を届けるだろう」と予測したときを考えます。A君が「支払う」を選ぶと利得は2000であるのに対して、「支払わない」を選ぶと利得は0です。したがって、Bさんが「商品を届ける」と予想する場合のA君の最適反応は「支払う」となります。

　Bさんが「着服する」と予想する場合はどうなるでしょうか。A君が「支払う」を選ぶとそのまま着服されてしまうので利得は−3000です。「支払わない」を選ぶと利得は0となります。よって、Bさんが「着服する」と予想する場合のA君の最適反応は「支払わない」です。

表10-2　ストーリー2の利得表

Bさん

		商品を届ける	着服する
A君	支払う	(2000、1000)	(-3000、3000)
	支払わない	(0、0)	(0、0)

注：最適反応の数字に印をつけている

②Bさんの立場から考える

　同様にして、Bさんは、A君が「支払う」と予想する場合「着服する」が最適反応となります。なぜなら、「商品を届ける」の利得は1000であるのに対し、「着服する」の利得は3000と高いためです。A君が「支払わない」と予想する場合には、「商品を届ける」も「着服する」も同じ利得0なのでお互いに無差別な戦略となっています。

③最適反応に印をつける

　①②をもとに、最適反応となる戦略の利得に印をつけると、表10-2のように書くことができます。A君にとっての最適反応には下線を、Bさんの方には二重下線の印をつけています。なお、A君が「支払わない」と予想する場合のBさんの最適反応として、どちらの戦略にも印をつけています。

④ナッシュ均衡を求める

　では、このゲームの均衡点について考えてみましょう。「両プレイヤーが最適反応をとっており、どのプレイヤーも自分だけ戦略を変えても利得を増やすことができないような安定した戦略の組み合わせ」を**ナッシュ均衡**と呼びました。したがって、ナッシュ均衡は、

「支払わない」「着服する」の戦略の組み合わせ

となります。

　つまり、A君は代金を支払うとBさんが着服すると予想し、結果的に二人の売買契約は成立しないということになります。仮に、二人の売買契約が成立し、Bさんも商品を届けた場合には、二人にとって利得が改善します（A君は2000、B

さんは1000を得る)。本来であれば、二人にとってもっとも効率的な状態は「支払う」「商品を届ける」の戦略の組み合わせであるにもかかわらず、実際に個人が合理的に行動すると二人が協力することはできません。第9章ゲーム理論で考えた**囚人のジレンマ**が生じてしまっています。このままでは、二人にとって望ましい状況ではありません。どうすれば契約における囚人のジレンマの問題を解決することができるのでしょうか。ここで法ルールの登場です。法ルールがいかにこの問題を解決していくのか、次の小節を見てみましょう。

ポイント

> 契約が自発的に結ばれない場合がある？
> - 契約の履行に時間差があると、契約が自発的に結ばれない可能性がある。
> - 2人にとって望ましい戦略の組み合わせが実現しない（囚人のジレンマが生じる）。

■コミットメント装置としての契約法

　なぜ、売買契約のストーリー2では売買契約が結ばれなかったのでしょうか。それは、BさんのA君に対する「**コミットメント**」をA君が信用ができないからです。コミットメントというのは、当事者が他の行動は取らないということを約束することです[4]。今回の例で、Bさんは「支払いを確認してから商品を発送します」と言ってコミットメントをしています。しかし、A君はこの口約束を簡単に信用することはできません。そこで、**契約法**の登場です。相手が契約を履行しない場合には訴訟によって実行させるなど、裁判所が契約に強制力を担保するのです。

　「契約法があることで契約が結ばれるようになる」ということをゲーム理論を用いて確認していきましょう。ここでの法ルールは、

> もしBさんが約束を破って着服した場合には、法ルールによってその契約

---

[4] コミットメントはゲーム理論のキーワードの1つです。この考え方を使えば、さまざまな事象を説明することができます。例えば、「勉強を一生懸命する」ことを両親に信じてもらうためにスマートフォンを預けるという行為はコミットメントです。

表10-3　ストーリー２の利得表（法ルールがある場合）

Bさん

		商品を届ける	着服する
A君	支払う	(2000、1000)	(2000、-2000)
	支払わない	(0、0)	(0、0)

を無効にし、損害賠償の責任を負う

としましょう。この法ルールによると、Bさんが着服すると、まずA君が支払っていた3000円は返却されます。さらに、契約をそのまま履行していたらA君が得ていた利得である2000円が損害賠償額であるとします[5]。この法ルールにより、「支払う」「着服する」の利得が（2000, -2000）となり、利得表が**表10-3**のように変わることを確認してください。

　契約法がないケースと比べると、2つの点で異なります。まず、A君の最適反応が変化します。Bさんが「着服する」を選ぶと予想した場合、法によって、A君には2000の利得が保証されます。よって、このとき「支払う」が最適反応となります[6]。次に、Bさんの最適反応の変化についてです。A君が「支払う」と予想すると、「着服する」を選べば賠償責任を負うため-2000の利得となってしまうのに対して、「商品を届ける」を選べば1000の利得が得られます。したがって、最適反応は「商品を届ける」に変化するのです。

　以上の考察の結果から、最適反応に印をつけ直したものが**表10-4**となります。したがって、契約法があるケースのナッシュ均衡は、

「支払う」「商品を届ける」の戦略の組み合わせ

となり、効率的な状態を達成することができました。法ルールによって、望ましくない行動にペナルティを課すことによって、両プレイヤーの行動のインセンテ

5）賠償額の決め方にはさまざまな方法があります。例えば、このケースのように相手が得られると期待している額を賠償することを『期待利益の賠償』といいます。3000円が返却されるだけの場合を、『原状回復の賠償』といいます。詳しい分析は、法と経済学［第2版］（林田清明、信山社、2002年）の第12章をご覧ください。

6）第9章ゲーム理論では、相手の戦略に関係なく、自分の他の戦略よりも高い利得が得られる戦略のことを**支配戦略**と呼びました。A君にとって「支払う」は支配戦略となっています。

表10-4　ストーリー2の利得表（法ルールがある場合）

Bさん

		商品を届ける	着服する
A君	支払う	(2000、<u>1000</u>)	(2000、-2000)
	支払わない	(0、<u>0</u>)	(0、<u>0</u>)

注：最適反応の数字に印をつけている

ィブを変化させ、それによって社会的に効率的な状態を実現させることが可能となります。すなわち、「契約にまつわる囚人のジレンマの問題が法ルールによって解決された」、ということです。

　法ルールのもと契約を強制的に実現することによって、ネットショッピングのような時間差のある契約も信用のあるコミットメントとなり、社会全体の契約はスムーズに行われるようになります。

ポイント

> コミットメント装置としての契約法
> - 法によって「着服する」と損害賠償というペナルティを負わせる。
> - この法ルールがコミットメント装置として働き、売買契約を成立させ、二人にとって利得がより高くなる効率的な状態を達成することができる。

10.3　交通事故の法と経済学—交通事故をなくすためのルール設計—

■過失責任ルールとは？

　みなさんは車の運転免許を持っているでしょうか。ここでは、車の運転についての法ルールとして、交通事故に関する法律を考えてみましょう。

　交通事故にはどんな法律が適用されているのでしょうか？　車を運転していて、自転車と接触事故を起こしてしまうとします。このとき、車を運転していたドライバーを「加害者」、自転車を運転していた人を「被害者」と呼びましょう。加害者は、懲役や免許取り消しなどの処分に加えて、<u>被害者に損害賠償をしなければなりません</u>。

　ただ、常に加害者は被害者に対して損害賠償をしなければならないわけではありません。法律では、原則的に「**過失責任ルール**」を採用しています[7]。ここで考える法ルールは以下となります。

> ドライバーが事故を起こさないような注意を怠っていた場合を「過失あり」とし、ドライバーに損害賠償責任を負わせる

　例えば、スピードを大幅に超過しており、事故を起こさないような**注意義務**を違反していた場合には過失があったとみなされます[8]。

■過失責任ルールの法と経済学

　車のドライバーには過失責任ルールが課される、ということは分かりました。しかし、ここで疑問が浮かびます。それは、「なぜ、自動車事故には過失責任ルールが採用されているか？」ということです。

　法と経済学でこの問いに答えるのなら、このようになります。

> ➤　過失責任ルールによって、事故防止の**注意努力インセンティブ**をドライバーに与えることができ、**社会的費用**を最小にすることができるから

この答えの重要な視点は2つあります。順を追ってみていきましょう。

①**インセンティブの視点**：個人の行動がどのように変化するのかを明らかにする視点です。過失責任ルールは、ドライバーに注意努力を促すようなメカニズムを

7）実務的には、自動車損害賠償保障法の適用が主張され、自動車ドライバーが過失の有無を証明する責任を負うことが一般的となっています。また、被害者側の過失も考慮し、損害賠償額が減額されることもありますが（民法722条第2項　過失相殺）、本書ではより簡単なモデルから考えるために、加害者の過失にのみ焦点を当てています。より現実に近いモデルが知りたいという方は、『法と経済学　新版』（ロバート・D. クーター　トーマス・S. ユーレン、太田勝造（訳）、商事法務研究会、1997年）の第5章を読み進めてみてください。いずれにせよ、過失をベースにした制度となっているため、ここでは過失責任ルールと呼んで分析をすすめていきます。

8）交通事故に適用される法律は民法における不法行為に関する以下の条文（民法709条）です。『故意又は過失によって他人の権利又は法律上保護される利益を侵害した者は、これによって生じた損害を賠償する責任を負う』。不法行為は「人に害を与えてしまう行為」だと考えておきましょう。

持っていることがわかります。なぜなら、ドライバーが安全運転を心がけ、過失がないような運転をすることによって、損害賠償責任を問われなくなるからです。

②社会全体の視点：社会全体として望ましいのかを評価する視点です。交通事故から生じるコストには、ドライバーが注意努力をおこなうコストや、被害者が受ける身体的・心理的なコストがあります。これらの当事者に発生したコストを足し合わせたものをここでは、**「社会的費用」**と呼びます（以下では、費用とコストは同じ意味で用いています）。これらのコストはもっと別の目的に使われたはずの資源です。資源は有限であるため、なるべくこのような社会的な費用は最小化される方がよいでしょう。

　ここまでのポイントを次にまとめておきます。

ポイント

> 過失責任ルールの法と経済学
> - 交通事故は、加害者側が注意義務を怠っていた場合に損害賠償責任を負う（過失責任ルール）。
> - 過失責任ルールを課すことによって、ドライバーに注意努力インセンティブを与えることができ、社会的費用を最小化することができる。

■モデルを用いた分析：過失責任ルールがドライバーに与える影響

　この過失責任ルールがドライバーの注意努力インセンティブをどのように変化させるかについて簡単なモデルで確かめてみましょう[9]。経済学では、人々は合理的であることを仮定しています。簡単にいうと、ドライバーは注意して運転した方が得になるかどうかを考える、ということです。ドライバーが最終的に負担することになる総費用が小さいほど、ドライバーは得をします。よって、より注意をしながら運転をした方が自身の総費用が小さくなるとき、ドライバーに注意努力インセンティブを与えることができます。

　それでは、実際に過失責任ルールで注意努力インセンティブを与えることができるのかについて数値例を用いて考えていきましょう。ここでのモデル設定は次

9）これ以降の分析は、『法と経済学』（スティーブン・シャベル、田中亘／飯田高（訳）、日本経済新聞社、2010年）の202ページから205ページの分析に依拠しています。

表10-5　過失責任ルールの分析

注意水準	①注意コスト	②期待損害額	③社会的費用	④過失責任ルールなしのドライバーの総費用	⑤過失責任ルールありのドライバーの総費用
低い	0	10	10	0	10
高い	1	5	6	1	1

のようになります。このモデル設定をまとめたものが表10-5になります。①～⑤は、表の列と対応しています。

【モデル設定】

・ドライバーは「高い注意水準」と「低い注意水準」を選ぶことができる。

・「低い注意水準」を選ぶと、努力コストは0である。事故確率は10%とする。⇒①

・「高い注意水準」を選ぶと、それに伴って努力コスト1を負担する[10]。事故確率は5%とする。⇒①

・事故の損害額は100とする。したがって、「低い注意水準」のときの期待損害額は10、「高い注意水準」のときの期待損害額は5となる[11]。⇒②

・社会的費用③＝注意コスト①＋期待損害額②である。したがって、「低い注意水準」のときの社会的費用は10（＝0＋10）、「高い注意水準」のときの社会的費用は6（＝1＋5）となる。

・ドライバーの総費用＝損害賠償額＋注意コストである。⇒④および⑤

---

10) 経済学では、「努力をするにもコストがかかる」、と考えます。みなさんもテスト勉強などで努力をする場合には、勉強自体が身体的・心理的に負担であったり、アルバイトを休んだ分の給料がもらえなかったり（機会費用）と、様々なコストを払っていると思います。

11) 期待値は、生じうるすべての値と起こる確率の積を足し合わせたものです。期待損害額は、損害額の期待値のことです。例えば、「低い注意水準」を選んだときの期待損害額は、10%で100の損害が発生し、90%で0の損害が発生するので、$0.1 \times 100 + 0.9 \times 0 = 10$と求めることができます。「高い注意水準」のときの期待損害額も同様に求めることができます（$0.05 \times 100 + 0.95 \times 0 = 5$）。

■社会的に望ましい注意水準は？

まずは、表10-5の③社会的費用を見てみましょう。ドライバーがどちらの努力水準を選んだとき、社会的費用は最小になっているでしょうか？

注意水準が高いときの社会的費用6＜注意水準が低いときの社会的費用10

なので、社会全体の費用は「高い注意水準」を選んだ時に最小化しています。ですので、<u>社会全体としてドライバーに高い注意水準を選んでもらうことが望ましい</u>といえます。

■過失責任ルールの経済学的な意義

では、過失責任ルールを課すことによって、ドライバーが高い注意水準を選ぶインセンティブを持つようになるのか、について考えていきましょう。そのために、過失責任ルールがないときと過失責任ルールがあるときを比べてみます。

1．過失責任ルールがないときの注意水準は？

表10-5の④を見てください。ここには、過失責任ルールがないときのドライバーの総費用が書かれています。過失責任ルールがない、ということは「注意水準が低かろうが高かろうが、いずれにせよ損害賠償額を支払う必要はない」ということを意味しています。したがって、総費用はかかった注意コストだけになります。

このとき、ドライバーは高い注意水準を選ぶのでしょうか？　答えは「いいえ」です。ドライバーは「低い努力水準」を選びます。なぜなら、<u>「低い注意水準」を選んだ時の総費用は0であるのに対して、「高い注意水準」を選んだ時の総費用は1となり</u>、高い注意水準を選ぶと費用が高くついてしまいます。損害賠償を問われないドライバーは、「低い注意水準」を選び、スピード違反やよそ見をしないなどの注意をせずに車の運転をしてしまうようになるのです。これでは、社会的に望ましい状態を実現することはできません。

2．過失責任ルールがあるときの注意水準は？

次に表10-5の⑤を見てください。過失責任ルールを課し、「低い注意水準」を選んだ場合には過失があったとして、事故の期待損害額である10を損害賠償額と

してドライバーに支払わせるとします。いま注意コストは0なので、ドライバーの総費用は損害賠償額の10となっています。一方、「高い注意水準」を選んでいた場合には、損害賠償額を問われることはありませんので、注意コストの1が総費用となっています。

　したがって、過失責任ルールがある場合には、ドライバーは「高い注意水準」を選びます。そのほうが総費用を小さくできるためです。過失責任ルールを課すと、ドライバーはこのように考えます。

　「注意義務を果たしていなければ、事故を起こしてしまった場合に損害賠償額を支払わなければならない。それなら、注意して運転するようにしよう。」

　以上の分析から、過失責任ルールがドライバーに注意努力のインセンティブを与えた結果、社会全体の費用が小さくなる社会的に望ましい状態を実現することができました。

ポイント

> 過失責任ルールのモデル分析
> ● 社会的に望ましいドライバーの注意水準は、「高い注意水準」である。
> ● 過失責任ルールがないとき、ドライバーは「低い努力水準」を選んでしまう。
> ● 過失責任ルールがあるとき、ドライバーに「高い努力水準」を選ばせることができる。このルールにより、社会的に望ましい状態が実現する。

10.4　まとめ

　本章では、法と経済学の考え方を使って、契約法と過失責任ルールを分析しました。最初に述べたように、法と経済学には、①法ルールが人々に与える影響を"インセンティブ"という観点から明確に突き止めることができる、②法ルールの望ましさについて"効率性"の基準から評価することができる、という利点があります。

　将来、一般企業に勤めたり、公務員になろうとする方は、ルールや規則を作る側の立場になる人もいることでしょう。そのとき、ルールに従うプレイヤーたち

がどのようなインセンティブを持っているのか、そのルール変更によって社会的に望ましい状態は実現するのか、という視点を持っていてほしいと思います。

　法と経済学で分析できることは、まだまだたくさんあります。契約法、不法行為はもちろん、**民事訴訟法**に関しては人々の訴訟行動をゲーム理論で分析することができます。また、**所有権**の意義についてや会社のルールである会社法も分析が行われています。少しでも興味があれば、次のテキストを使って学習を進められることをおすすめします。

【読書案内】

　発刊して時間が経っているものもありますが、語り口も平易で、初学者でも読み進めることができると思います。

[1]　林田清明（2002）『法と経済学［第2版］』信山社

　一言…法と経済学で用いるミクロ経済学の知識もまとめてあり、一冊で法と経済学の考え方を身に着けることができる。

[2]　小林秀之・神田秀樹（1986）『法と経済学　入門』弘文堂

　一言…数式やグラフやゲーム理論を極力なくし、[1]よりもより易しく書かれている。

第11章では、まずは、日本の労働市場に関する統計データを確認します。そして、経済学の最も基本的な分析を取り上げ、賃金の水準と雇用量は、どのようにして決まると考えられるのかを説明します。さらには、失業が発生する理由には、どのようなものがあるのかを説明します。また、労働市場は他のモノやサービスの市場とは異なる特徴を持っていますが、最後にこのことを取り上げます。

11.1 労働力の構成

■労働力人口と労働力率

労働力人口とは、15歳以上人口のうち、仕事に就いている人々（就業者）と、仕事に就いていないが仕事を探す活動をしている人々（完全失業者[1]）の総数をいいます（図11-1）。したがって、労働力人口は、労働サービスを提供しようとしている人々の総数となります。

また、15歳以上人口に占める労働力人口の割合を**労働力率**といいます。これは、15歳以上人口のうち、労働サービスを提供しようとしている人々の割合を示すものとなります。

$$労働力率（\%）＝\frac{労働力人口}{15歳以上人口}\times100$$

図11-2は、日本の労働力率の推移を示したものです。まずは、男女計の推移をみると、1950年代半ばから現在にかけて、労働力率に低下傾向がみられます。労働力率の低下が進んだ理由は、いくつかあります。1つ目の理由としては、高

---

[1] 完全失業者の詳細な定義は後掲のとおりです。

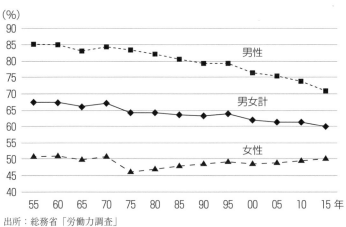

図11-1　労働力人口の構成

15歳以上人口 ┬ 労働力人口 ┬ 就業者
　　　　　　 └ 非労働力人口 └ 完全失業者

図11- 2　日本の労働力率の推移

(%)

男性

男女計

女性

出所：総務省「労働力調査」

　学歴化によって就職年齢が高くなり、若年者の労働力率が低下したことがあげられます。また、2つ目の理由としては、高齢化の進展があげられます。高齢者は労働力率が低い年齢層ですが、この高齢者の割合が高くなったことにより、全体として労働力率が低下しました。3つ目の理由としては、公的年金の拡充があげられます。戦後、公的年金が拡充され、生活のために仕事を続けざるを得ない高齢者が減少しました。そのことにより、高齢者の労働力率自体も低下しました。

　また、男女別の推移をみると、女性では、労働力率の低下の傾向はみられず、むしろ1970年代後半からは上昇の傾向がみられます。もちろん、上で指摘した理由による労働力率の低下は、女性においても起こりました。しかし、それ以上に、20代後半から50代の女性の労働力率が上昇したため、女性では労働力率の低下の傾向が弱くなっています。20代後半から50代の女性の労働力率が上昇した理由の一つには、パートタイム労働者として働く機会が増加したこともあると考えられています。

■完全失業率と有効求人倍率

　総務省「労働力調査」では、**完全失業者**とは、次の３つの条件を満たす人々をいいます。①就業者ではない。②仕事があればすぐに就くことができる。③調査週間中に、仕事を探す活動や事業を始める準備をしていた。これらの条件をすべて満たす人々が完全失業者となります。したがって、仕事に就いていなくても、仕事を探す活動をしていない人は、完全失業者とはならず、非労働力人口に分類されます（図11-1）。

　また、労働力人口に占める完全失業者の割合を**完全失業率**といいます。これは、労働市場の景気動向を示す主要な指標の一つとされています。

$$完全失業率（\%）＝\frac{完全失業者数}{労働力人口}\times100$$

この完全失業率と並んで、労働市場の景気動向を示す主要な指標に、**有効求人倍率**と呼ばれるものがあります。有効求人倍率は、求職者（仕事を求める人）１人あたりの求人数を示す指標となります[2]。例えば、求職者数が100万人で、求人数が120万人であれば、有効求人倍率の値は1.20倍となります。この有効求人倍率は、都道府県別の集計結果が毎月公表されます。そのため、都道府県別の景気動向を把握する際にも利用されます。

　図11-3は、日本における完全失業率と有効求人倍率の推移を示したものです。この図で示されるように、完全失業率は、1955年ごろから1973年ごろまでの高度経済成長期には１～２％台の低い水準で推移しました。また、1990年ごろのバブル崩壊後からは持続的な上昇がみられ、2000年代前半には５％を超えました。そして、2010年ごろからは低下の傾向がみられ、2018年には2.4％まで低下しています。

　また、図11-3にみられるように、完全失業率と有効求人倍率は、互いに反対の方向に変動することが知られています。これは、好景気の時期には、完全失業率は低下する傾向があるのに対して、有効求人倍率は上昇する傾向があるためで

2）厚生労働省「職業安定業務統計」では、有効求人倍率は以下のように定義されます。

$$有効求人倍率＝\frac{月間有効求人数}{月間有効求職者数}$$

　月間有効求人数は、前月から繰越された求人数と新規求人数の合計とされ、月間有効求職者数は、前月から繰越された求職者数と新規求職者数の合計とされます。

図11-3　日本の完全失業率と有効求人倍率の推移

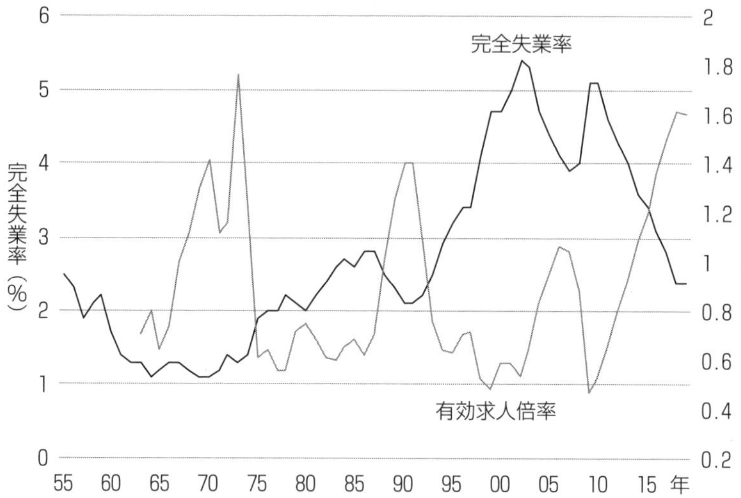

出所：総務省「労働力調査」、厚生労働省「職業安定業務統計」

す。

ポイント

- ●男女計の労働力率は1950年代半ばから現在にかけて低下の傾向がみられる。
- ●完全失業率はバブル崩壊後から持続的に上昇し、2000年代前半には5％を超えた。

11.2　賃金水準の比較

　図11-4は、賃金の水準を企業規模別・年齢階級別に比較したものです。この図のように、横軸に年齢をとり、縦軸に賃金額をとって年齢別の賃金額を示した曲線を賃金プロファイルと呼びます。

　この図には、いくつかの特徴がみられます。1つ目の特徴として、50代前半ごろまでは、賃金の水準は年齢とともに高くなる傾向がみられます。このような傾向がみられるのは、年齢とともにスキルや経験などが蓄積され、職業能力が向上

図11-4　企業規模別・年齢別現金給与額（月額、単位：万円）

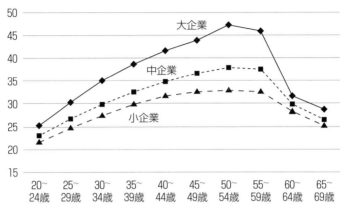

出所：厚生労働省「賃金構造基本統計調査」（2019年）
注：常用労働者1000人以上の企業を「大企業」、100～999人の企業を「中企業」、
　　10～99人の企業を「小企業」に区分している。

するためと考えられています。なお、本書では詳しくは触れませんが、年齢とともに賃金が高くなる理由については、これ以外にもいくつかの理由があると考えられています。

　図11-4にみられる特徴の2つ目としては、企業規模が大きくなるほど、賃金の水準は高くなるという特徴がみられます。また、大企業と中小企業の賃金の差は、年齢とともに大きくなり、50代前半で最も大きくなるという特徴がみられます。

　この他にも、賃金の水準については、性別、学歴、雇用形態（正社員と非正社員の別）によっても差がみられることが知られています。厚生労働省「賃金構造基本統計調査」（2019年）の調査結果から平均賃金を比較すると、男性は女性の1.39倍となっています。また、大学・大学院卒者では高卒者の1.34倍、正社員では非正社員の1.55倍となっています[3]。このように人々の賃金には大きな差がみられますが、その理由についても、経済学では様々な分析が行われており、今後の大学の授業で取り上げられます。

3）いずれも一般労働者（短時間労働者以外の労働者）のみを対象として、月間の「きまって支給する現金給与額」を比較した値です。

ポイント

- 賃金の水準は、50代前半ごろまでは年齢とともに高くなる傾向がみられる。
- 賃金の水準は、企業規模、性別、学歴、雇用形態によっても大きな差がみられる。

11.3 賃金と雇用量の決まり方

この節では、経済学の最も基本的な分析によると、賃金と雇用量はどのようにして決まると考えられるのかを説明します。

労働市場では、家計が売り手となり、企業が買い手となって、労働サービスの取引が行われます。そして、労働サービスの価格である賃金と、労働サービスの取引量である雇用量が決まります。このように売り手と買い手が存在し、価格と取引量が決まるという点では、労働市場は他のモノやサービスの市場と共通点を持ちます。そのため、第2章で紹介された需要曲線と供給曲線を用いた分析と同じ手法を用いて分析を行うことができます。

■労働需要曲線

ここでは、縦軸に時間あたり賃金をとり、横軸に労働時間をとります（以下、この節では、時間あたり賃金を単に賃金と表記します）。この座標軸上に、賃金と企業が雇用したいと考える労働量（ここでは、労働時間で測ります）の関係を示すと、通常は、**図11-5**のように、右下がりの曲線となります。この曲線を**労働需要曲線**といいます。

労働需要曲線が右下がりであるということは、賃金が下がると、企業が雇用したいと考える労働時間が増加するということを意味します。例えば、図11-5のケースでは、賃金が900円のときには、企業が雇用したいと考える労働時間は、労働市場全体で2000時間[4]となりますが、賃金が850円に下がると、その量は2150時間に増加します。

一般的には、賃金が下がると、企業が雇用したいと考える労働時間は増加しま

---

4) 例えば、1人あたりの労働時間が8時間であったならば、2000時間は250人分の労働量となります（8時間×250人＝2000時間）。

図11-5　労働需要曲線

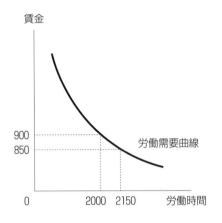

図11-6　労働供給曲線

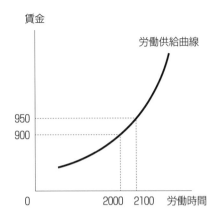

す。そのため、多くの場合には、この図のように、労働需要曲線は右下がりになります。労働需要曲線が右下がりになる理由については、『トリアーデ経済学２　ミクロ経済学入門』第11章において、改めて取り上げられます。

■労働供給曲線

　引き続き、縦軸に賃金をとり、横軸に労働時間をとります。この座標軸上に、賃金と人々が働きたいと考える労働量（ここでは、労働時間で測ります）の関係を示すと、通常は、**図11-6**のように、右上がりの曲線となります。この曲線を**労働供給曲線**といいます。

　労働供給曲線が右上がりであるということは、賃金が上がると、人々が働きたいと考える労働時間が増加するということを意味します。例えば、図11-6のケースでは、賃金が900円のときには、人々が働きたいと考える労働時間は、労働市場全体で2000時間となりますが、賃金が950円に上がると、その量は2100時間に増加します。

　一般的には、賃金が高くなれば、人々が働きたいと思う労働時間は増加します。そのため、多くの場合には、この図のように、労働供給曲線は右上がりになります。労働供給曲線が右上がりになる理由については、『トリアーデ経済学２　ミクロ経済学入門』第11章において、改めて取り上げられます。

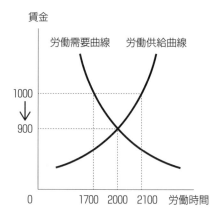

図11-7　賃金が交点より高いケース

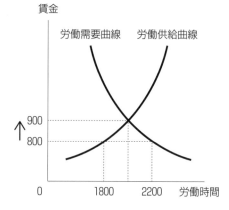

図11-8　賃金が交点より低いケース

■賃金と雇用量の決定

　ここでは、労働市場が、第2章で説明された完全競争の条件を満たす状況を考えます。結論から述べると、このときには、賃金と雇用量は、労働需要曲線と労働供給曲線の交点の水準に決まると考えられます。**図11-7**のケースでは、賃金は900円に、雇用量は2000時間に決まると考えられます。

　その理由は次のように説明することができます。いま、図11-7において、賃金が2曲線の交点の水準よりも高い1000円であったとします。賃金が1000円のときには、労働需要量は1700時間となり、労働供給量は2100時間となります。このように、賃金が2曲線の交点の水準よりも高いときには、労働需要量よりも労働供給量の方が大きくなります。すなわち、企業が雇用したいと考える労働時間よりも、人々が働きたいと考える労働時間の方が大きい状態となります。そのため、労働市場では失業が発生することになります。そして、失業が発生しているときには、より低い賃金であっても働きたいと考える人々が存在するため、賃金は次第に低下していくことになります。

　また反対に、賃金が2曲線の交点の水準よりも低いケースを考えます。いま、**図11-8**において、賃金が800円であったとします。賃金が800円のときには、労働需要量は2200時間となり、労働供給量は1800時間となります。このように、賃金が2曲線の交点の水準よりも低いときには、労働供給量よりも労働需要量の方が大きくなります。すなわち、人々が働きたいと考える労働時間よりも、企業が

雇用したいと考える労働時間の方が大きい状態となります。そのため、労働市場では人手不足が発生することになります。そして、人手不足が発生するときには、より高い賃金を支払ってでも人手を確保したいと考える企業が存在するため、賃金は次第に上昇していくことになります。

　以上のように、賃金が2曲線の交点の水準よりも高いときには、賃金は次第に低下していくと考えられ、交点の水準よりも低いときには、次第に上昇していくと考えられます。そのため、最終的には、賃金の水準は、労働需要曲線と労働供給曲線の交点の水準に落ち着くと考えられます。そして、取引される労働サービスの量である雇用量も2曲線の交点の水準に落ち着くと考えられます。

■景気の悪化によって労働需要が減少するケース

　賃金が下がると労働需要量は増加するということでした。それゆえに、労働需要曲線は右下がりになるということでした。では、賃金以外の要因が変化して労働需要量が変化すると、労働市場はどのように変化するのでしょうか。

　ここでは、賃金以外の要因が変化して労働需要量が変化するケースとして、景気の悪化によって労働需要量が減少するケースを取り上げます。景気が悪化するとモノやサービスの生産量が減少します。モノやサービスの生産量が減少すると、生産に必要な労働サービスの量が減少します。そのため、労働需要量は減少することになります。

　景気の悪化によって労働需要量が減少したときには、図11-9のように、労働需要曲線が左に移動することになります。その理由は、以下のように説明することができます。景気が悪化すると、生産に必要な労働サービスの量が減少します。そのため、賃金が900円のときに企業が雇用したいと考える労働時間は以前よりも小さくなります。また、賃金が850円のときに企業が雇用したいと考える労働時間も以前よりも小さくなります。このように、すべての賃金水準において、企業が雇用したいと考える労働時間が以前よりも小さくなります。そのため、結局は、労働需要曲線そのものが、以前よりも左に移動することになります。

　では、景気の悪化によって労働需要曲線が左に移動すると、賃金と雇用量はどのように変化するのでしょうか。労働需要曲線が左に移動すると、労働需要曲線と労働供給曲線の交点は、以前よりも左下に移動することになります（図11-10）。その結果、図11-10のケースでは、賃金の水準は、景気悪化後の2曲線の交点の

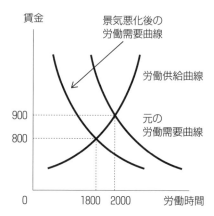

図11-9 労働需要曲線の変化

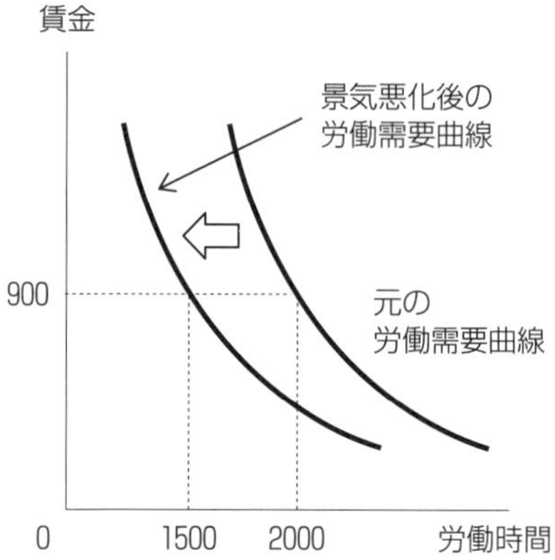

賃金

景気悪化後の
労働需要曲線

元の
労働需要曲線

900

0　　　1500　2000　　労働時間

図11-10 賃金と雇用量の変化

賃金

景気悪化後の
労働需要曲線

労働供給曲線

900
800

元の
労働需要曲線

0　　　1800　2000　　労働時間

水準である800円に落ち着くことになります。また、雇用量も、景気悪化後の2曲線の交点の水準である1800時間に落ち着くことになります。したがって、景気の悪化によって労働需要が減少すると、賃金は低下し、雇用量は減少するということがわかります。

　なお、以上の分析は、労働市場が完全競争の条件を満たすことを前提としたものとなります。もちろん、現実の労働市場は、必ずしも完全競争の条件を満たしている訳ではありません。しかし、こうした分析は、経済環境が変化したときに賃金や雇用量がどのように変化するのかを大まかに知る上で有用なものとなります。

ポイント

- 通常、労働需要曲線は右下がりの曲線に、労働供給曲線は右上がりの曲線になる。
- 労働市場が完全競争の条件を満たす場合には、賃金と雇用量は、労働需要曲線と労働供給曲線の交点の水準に決まる。

11.4　失業が発生する原因

　以上の分析では、労働需要量が労働供給量を下回ると失業が発生するということでした（図11-7において賃金が1000円のときの状態）。しかし、失業が発生するようなときには、賃金の水準は次第に下がっていくと考えられました。賃金の水準が下がっていくと、労働需要量と労働供給量の差は次第に小さくなっていきます。そして、賃金が労働需要曲線と労働供給曲線の交点の水準にまで下がると、労働需要量と労働供給量は同じになり、失業は完全に解消されることになります（図11-7において賃金が900円のときの状態）。

　このように、以上の分析では、労働需要量が労働供給量を下回り、失業が発生したとしても、賃金が低下していくことで、この失業は自ずと解消されると考えられました。したがって、労働需要量が不足しても、失業は一時的にしか存在せず、失業が発生する余地はありませんでした。

　ところが、現実の労働市場では、賃金は低下しにくい性質を持つことが知られています[5]。そのため、何らかの要因によって労働需要量が不足すると、失業が発生し、この失業は解消されずに存在し続けることになります。したがって、現実の労働市場では、労働需要量の不足によって失業が生じることになります。このように、労働需要量の不足が原因で発生する失業を**需要不足失業**といいます。

　また、労働需要量が十分に存在する場合であっても、例えば、求人企業はコンピューター・プログラマーを求めているのに対して、求職者はコンピューターの使用経験のない中高年者であった場合には、雇用は成立せず、失業が発生することになります。この例のように、求職者の持つスキルや資格などが求人企業の求める条件と一致しないことを求人・求職のミスマッチといいます。こうした求人・求職のミスマッチが原因で生じる失業は**構造的失業**と呼ばれます。

　これら以外にも失業が発生する原因はあります。たとえ求職者の条件に合う求人が十分に存在していたとしても、その求人に関する情報を探し出すのに多かれ少なかれ時間がかかります。そのため、求職者が求人を探し出すまでの間、一時的に失業が発生することになります。このように、求人探しに時間がかかることが原因で生じる失業を**摩擦的失業**といいます。

5）賃金が持つ低下しにくいという性質のことを、**賃金の下方硬直性**といいます。賃金の下方硬直性については、『トリアーデ経済学3　マクロ経済学入門』第7章で改めて説明されます。

ポイント

> ● 失業を発生原因別に分類すると、需要不足失業、構造的失業、摩擦的失業
> に分けることができる。

11.5　労働市場の特徴

　労働市場は他のモノやサービスの市場とは異なる特徴として、以下の特徴を持っています。1つ目の特徴として、取引される対象は労働者本人ではなく、労働サービスであるという点をあげることができます。

　2つ目の特徴として、労働サービスの質は労働者の行動によって変化するという点をあげることができます。すなわち、労働者が手を抜かずに働くかどうかということによって、労働サービスの質は変化するということです。そのため、労働者が手を抜かないで働くためのインセンティブについて考える必要があります。こうした労働者のインセンティブ問題についても、経済学では分析の対象とされています。

　3つ目の特徴として、労働サービスの質は教育や訓練によって高めることができるという点をあげることができます。そうしたことから、労働市場において学歴が果たす機能や、労働者にスキルの習得を促す仕組みについても、経済学では分析の対象とされています。

11.6　今後、経済学で学ぶこと

　11.2節では、年齢、企業規模、学歴などによって、人々の賃金には大きな差があることを確認しました。賃金にこうした差が生じる理由については、今後、「労働経済論」などの授業において取り上げられます。

　11.3節では、労働需要曲線と労働供給曲線を取り上げました。労働需要曲線が右下がりの曲線になる理由、および労働供給曲線が右上がりの曲線になる理由については、『トリアーデ経済学2　ミクロ経済学入門』第11章において、改めて取り上げられます。

　11.5節では、労働需要量の不足によって失業が発生するということでした。こ

うした失業を解消するための政策については、『トリアーデ経済学3　マクロ経済学入門』の各章や「経済政策」などの授業において説明されます。

　11.6節では、労働者のインセンティブ問題や、労働市場において学歴が果たす機能についても経済学では分析の対象とされていると指摘しました。これらの事柄は、『トリアーデ経済学2　ミクロ経済学入門』第10章で改めて取り上げられます。

【読書案内】

太田聡一・橘木俊詔（2012）『労働経済学入門（新版）』有斐閣
　経済学の視点から労働市場の仕組みを分析する学問分野を労働経済学といいます。本書では、初学者が独学で理解できることを意図して、労働経済学の入門的内容について解説されています。

第12章 | 環境問題

12.1 環境問題と環境経済学

　人々が様々な経済活動をしながら経済成長していた結果、人々の住む環境は悪化していき、資源も枯渇していきました。その中で、人々は近年環境を守りながら経済成長をしていくという道を選びつつあります。このような背景の中で、環境経済学は発展してきました。本章では、いくつかの現代の環境問題に触れながら、環境問題の解決と環境経済学的な考え方についてみていきたいと思います。

■環境問題とは

　環境問題は、人々の活動が原因で人々や動植物の環境に影響が生じる問題の総称で、日本だけ見ても過去から現在まで様々なものがあります。その中でも最も良く知られるものが、水俣病を始めとした工業活動による大気汚染や水質汚濁などの公害でしょう。また、その他にも、農業による汚染、開発による森林伐採、自動車による大気汚染、飛行機による騒音、廃棄物の増加による最終処分場の不足や海洋汚染、二酸化炭素排出の増加による地球温暖化問題など、挙げていくときりがありません。ただ、これらの環境問題には公害のようにその後の官民の努力によりだんだんと抑えられたものもあれば、現代も深刻な問題として残るものがあります。以下では特に今後問題となるだろう幾つかの環境問題について注目し、経済学を用いた解決方法についてみていきたいと思います。

■環境経済学とは

　環境問題は、それぞれが重要な問題であり、何らかの解決が求められますが、そのためには努力向上や投資増加や生産中止や技術発展など費用を伴う活動が必

要です。環境問題を完全に解決する例としては、排気ガスを全て無くしたり、ゴミを全く出さないようにしたり、二酸化炭素の排出を完全に止めたり等です。しかし、これらの解決を実行するためには膨大なお金がかかりますし、そもそも技術的に不可能かもしれません。特に地球温暖化問題を完全に抑えるためには世界で甚大な負担が必要と考えられており、これにより経済発展が衰退し、結果として人々の生活が不安定になり争いが起こる恐れもあります。そこで、近年は、どのような政策をとれば人々の環境を守る行動を促し、様々な環境問題を抑えつつ経済など人々の負担を軽減できるかが経済学の枠組で議論されてきました。これが**環境経済学**の基本的な考え方です。つまり、「自然環境だけを守る」のではなく、「人々を豊かにするために環境も経済も守るような仕組みをつくる」のが環境経済学となります。

　本章では、まずいくつかの現代の身近な環境問題に注目します。そして、その中でどのような形で経済学的な考え方が取り入れられてきたのか、見ていきたいと思います。

ポイント

環境問題と環境経済学
- ●環境問題は昔から発生してきた
- ●環境問題の解決には大きな負担がかかる場合がある
- ●環境経済学により負担を減らし経済と環境の両立を目指す

12.2　日本の廃棄物問題

　皆さんが生活する上で、不要物であるゴミ（廃棄物）は必ず発生してしまいます。例えば、買い物をしたらビニール袋やトレイなどの包装ゴミが発生しますし、食べ物なら調理や食べ残しなどのゴミ、古着などの不用品、など様々なゴミが毎日発生します。このゴミの量を日本全体で見るとどれぐらいの量になるでしょうか。日本の廃棄物は、主に家庭などから発生する**一般廃棄物**と、産業から発生する産業廃棄物に分けられます。以下では主に一般廃棄物（ゴミ）に注目していきます。日本の一般廃棄物の排出量の推移をグラフで表すと**図12-1**のようになり

図12-1　一般廃棄物の総排出量と実質国内総生産の推移

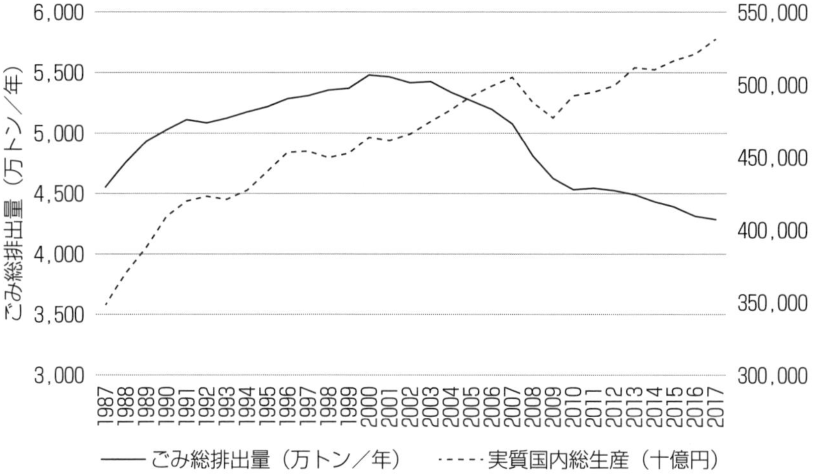

出所：環境省「令和元年版　環境・循環型社会・生物多様性白書」、内閣府「国民経済計算」より

　ます。これをみると、一般廃棄物はバブル期まで増加し、年間5000万トンを超えるゴミの排出量が毎年続いていたことがわかります。同時に、図12-1にある実質国内総生産の推移をみると、排出量の増加と共に経済成長も進んでいたことがわかります。つまり、経済成長により日本人の生活が豊かになった結果、この経済成長と比例して消費も増加し、さらに生活も多様化したためゴミが増加してしまったと考えられます。また、当時は分別が進んでおらず、ゴミを黒いビニール袋に適当に入れて捨てれば自治体が無料で回収してくれるような状態だったので、ゴミを捨てる際の個人の負担もほぼありませんでした。これがゴミの増えた理由の１つといえるでしょう。

　ただ、経済は基本的に成長し続ける一方で一般廃棄物の増加は2000年度の5483万トンがピークとなっており、その後は低下傾向にあります。2017年度は4289万トンになり、ピークと比較して２割程度も減少しています。一日の一人当たりごみ排出量を見ても、2000年度における一日の一人当たりごみ排出量は1,185グラムでしたが、減少がすすみ、2017年度では920グラムまで減少しています。つまり、各個人のゴミの排出量の減少が日本全体のゴミの減少につながっているといえます。この理由については後述する家庭ごみ有料化など様々な理由が考えられ

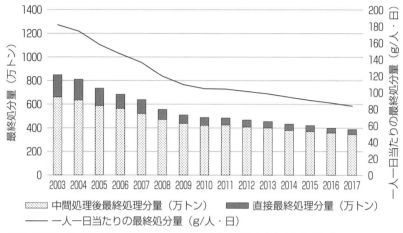

図12-2　一般廃棄物の最終処分量

出所：環境省「令和元年版　環境・循環型社会・生物多様性白書」より筆者作成

ます。

■廃棄物処理において何が重要なのか

　ただ、廃棄物の処理において最も重要な指標は、ゴミの排出量そのものではな
く、その最終処分量です。なぜなら、ゴミについては、最終処分場に最終処分す
る前に、リサイクル可能なものを選別し、さらに焼却や破砕などゴミの大きさを
小さくするなどの中間処理を行うことで、最終処分量を大幅に減らすことができ
るからです。図12-2は一般廃棄物の最終処分量を表していますが、2003年度の
時点で845万トンだった最終処分量は2017年度には386万トンと半減しており、排
出量と比較して最終処分量が非常に少ないことに加え、さらに近年は最終処分量
が急激に減少していることがわかります。
　それでは、なぜこのように最終処分量は急激に減少しているのでしょうか。こ
の理由は、最終処分場の節約を行うためです。最終処分量を減らすことによる利
点は、具体的には、最終処分場の残余年数を減らすことができる点にあります。
残余年数とは、最終処分場の残余容量÷最終処分量という式で計算できる指標で
あり、今のペースであと何年間ゴミを捨て続けることが可能であるかがわかるも
のです。実はこの残余年数が日本では非常に低いことが専門家の間では知られて

図12- 3　一般廃棄物の最終処分場の残余容量と残余年数

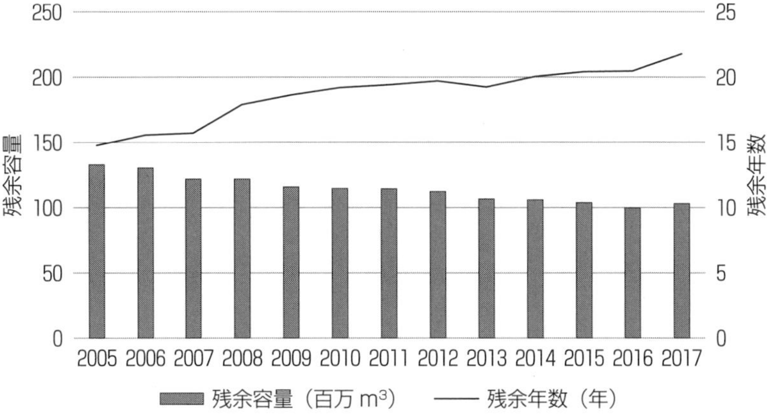

出所：環境省「令和元年版　環境・循環型社会・生物多様性白書」より筆者作成

います。残余年数が低い１つの原因は最終処分場の残余容量が少ないためで、この理由には主に２つあります。１つは最終処分場の残余容量を増やすことが土地の限られている日本においては難しく、既存の最終処分場を使わざるを得ないこと、もう１つが最終処分場の体積の増加と比較して毎年の処分量の増加がより急速に進んだため、結果として最終処分場が足りなくなったことです。

　図12- 3は一般廃棄物の最終処分場の残余容量と残余年数の推移を表しています。一般廃棄物の最終処分場の残余容量は近年一貫して低下傾向にあることがわかりますが、これは新規の最終処分場を増やすことが難しいため、毎年ごみが増えるたびに既存の最終処分場が消費されてしまうためです。ただ、残余年数でみると近年はむしろ増加傾向にあります。これは、図12- 2にもあるように最終処分量が急激に減っているため、2005年度では14.8年と短かった残余年数が2017年度には21.8年と伸びているのです。また、産業廃棄物の最終処分場については、残余容量は増加しているものの、残余年数でみると非常に短くなります。ただ、近年の最終処分量の減量化により、残余年数は2003年度の6.1年から2016年度の16.7年まで大幅に伸びております。

　このように、最終処分量の減量化によって、日本は最終処分場の維持を行っているといえますが、今後も最終処分量をこれまでと同様のペースで減らすことは難しいでしょう。今後は、さらなる新しいアイデアを元にゴミの排出削減やリサ

イクルが求められていくことになります。

■より安い費用でゴミの処理をすすめるためには？

　このようにゴミの減量化は日本の今後を考えていくうえで非常に重要であり、その中でも様々なゴミを再資源化することで減量化を促す**リサイクル**（ゴミの再資源化）は、特に重要な役割を果たすことがわかります。リサイクルは、現在様々なものについて行われています。具体的には、1995年以降だけで見ても、ガラス瓶、缶、ペットボトル、プラスチック製容器、紙製容器、段ボールなどを対象とした容器包装リサイクル、エアコン、テレビ、冷蔵庫、洗濯機などが対象の家電リサイクル、コンクリート、アスファルト、木材などの特定建設建材を対象とした建設リサイクル、食品廃棄物を対象とした食品リサイクル、自動車リサイクル、PC リサイクルなどがあります。

　リサイクルをする利点としては、ゴミの再資源化による新たな資源の獲得に加えて、さきほど挙げたように最終処分量の減少、さらにゴミ処理費用の節約という様々なものがあります。ただし、これらのリサイクルには分別収集・運搬・保管・加工処理などで様々な費用が掛かるため、この費用まで考慮するとリサイクルをする際には必ずしも全てのゴミをリサイクルした方が効率的とは限りません。これを環境経済学の視点で見てみましょう。**図12-4**は古紙リサイクル市場を需要曲線 D と供給曲線 S で表した例です。この市場では古紙の総量が q_{MAX}であり、その一部は業者の回収・リサイクルにより資源として売却され、再生紙の原料などに利用されます。このとき、リサイクル量が増えるほどリサイクル費用が上がっていくので供給曲線は右上がりになり、一方で価格は下がっていくので需要曲線は右下がりになります。そして、点 q_1のようにリサイクル量が少ない場合は古紙の価格が費用を上回るのでリサイクルした方が得ですが、リサイクル量が増えて需要曲線と供給曲線の交点 E で表される q^*を超えると費用が価格を超えてしまうため、リサイクル量が増えるほど損失が増えてしまいます。そのため、この場合は q^*まで古紙のリサイクルが行われ、残りの古紙 $q_{MAX}-q^*$についてはリサイクルせずゴミとして処理されることになります。

　このように、リサイクル、特にペットボトルなどの容器包装リサイクルでは、全てのゴミを回収分別しようとすると非常に高い費用がかかってしまい現実的ではないでしょう。ただ、低費用でゴミの回収率を高める方法として、**デポジット**

図12-4 古紙リサイクル市場

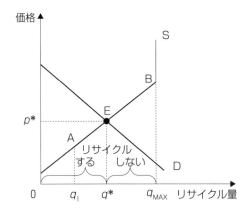

制度（預かり金払い戻し制度）があることが知られています。これは、初めにペットボトルなどの商品に10円など一定の金額を預かり金（デポジット）として販売価格に上乗せし、その後に消費者が製品や容器を捨てずに返却すると預かり金を消費者に戻すというシステムです。これは、瓶の製造費用を節約するために瓶ビールを酒屋で回収するなど、日本でも昔から用いられている方法になります。また、熊本県水俣市の20分別のように自治体のゴミ回収においてより細かく分別することで、生ごみ等のリサイクル率を高めることも可能となります。

■ゴミの減量化と有料化

そもそも、ゴミを減らすためには、リサイクルする前の段階でゴミの量自体を減らすリデュース（ゴミの排出削減）やリユース（ゴミの再使用）を行うことがより重要で、リサイクルと合わせて3Rと呼ばれています。そのため、ゴミの排出削減を促す政策が様々な形で行われています。よく知られるのは、各自治体で導入されているゴミ袋の有料化です。熊本県熊本市では、2009（平成21）年10月１日から家庭ごみ有料化を行っており、ゴミ袋を有料化しています。例えば燃やすごみや埋め立てごみの45リットル大袋は１枚35円となります。有料化により、個人にゴミを減らすというインセンティブが働くため、ゴミの減量化につながるのです。

ただ、このゴミ袋の価格は比較的安いため、効果は限定的だと指摘されていま

す。そのため、このゴミ袋の価格を引き上げることで、さらなる減量化につながる可能性があります。実際、長崎県佐世保市は、年間900リットルを超えるゴミについて45リットル大袋を1枚220円にするという強力なゴミ袋の有料化を行いましたが、多くの世帯ではゴミの排出量を減らすことで、全体で家庭ゴミ40%の減量に成功しています。ただ、単に価格を引き上げるだけだと、適正処理を怠り不法投棄して支払いを逃れるなどが起きる恐れもあるため、事前に地元の住民と自治体が十分なコミュニケーションを行うなど慎重に行うべきでしょう。

ポイント

日本のゴミ問題について
- 日本のゴミの量は増加傾向にあったが、最近は減少傾向にある
- 日本のゴミの最終処分場は不足しており、最終処分量を減らすことが必要
- リサイクルやゴミ有料化など、気を付けつつ積極的に導入していくべき

12.3 地球温暖化問題

地球温暖化問題は、二酸化炭素（CO_2）などの温室効果ガスの増加によって、太陽光が地球を暖める効果が強くなり、大気や海水の平均気温が上昇してしまう問題です。二酸化炭素の増加は主に石油・石炭・ガスの化石燃料の増加が原因であり、その多くは火力発電や産業、そして自動車などの交通から発生したものです。

■二酸化炭素と経済成長

ではどうして二酸化炭素は近年増加してしまったのでしょうか。この大きな原因の1つが経済成長です。図12-5を見てわかる通り、後述する京都議定書の約束期間が始まる2007年までは日本の実質国内総生産と二酸化炭素排出量が比例して増加していることがわかります。つまり、二酸化炭素を抑えようとしない限り、経済が成長するとそれに伴って化石燃料の消費が増加し、二酸化炭素が増加して地球温暖化が進んでしまうのです。なお、2011年以降、急激に二酸化炭素の排出量が増加していますが、これは2011年の東日本大震災以降に原子力発電が使用で

図12-5　日本の二酸化炭素排出量と実質国内総生産の推移

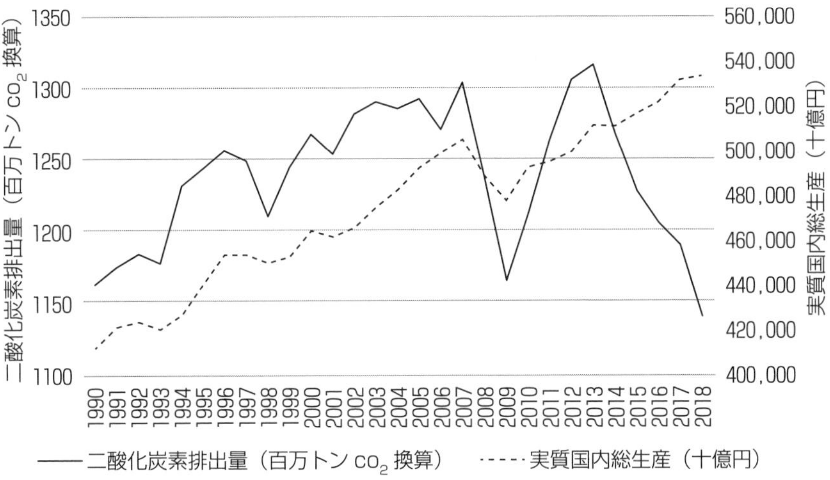

出所：国立環境研究所「温室効果ガスインベントリオフィス」より

きなくなり、その代わりとして火力発電を増加させたためです。

　より細かくみてみると、**図12-6**は日本の1人当たり二酸化炭素排出量と二酸化炭素の排出原単位（＝二酸化炭素排出量÷実質国内総生産）の推移を表しています。日本の1人当たり二酸化炭素排出量は2007年まで増加傾向にあります。一方で、技術進歩や省エネなどが徐々に進んでいることもあり、一定量の生産物をつくる過程で生じる二酸化炭素の量を表す排出原単位については低下傾向です。

　つまり、もし人口成長や経済成長が全く起きないとすれば、二酸化炭素排出量は徐々に減少していきますが、実際は経済成長していますので、二酸化炭素排出量は増加傾向となります。これは日本だけでなく世界でも同じ傾向で、世界ではより急速に経済成長と人口成長が進んでいると予想されているため、二酸化炭素の排出量を積極的に減らそうとしない限り、世界の二酸化炭素排出量は増加し続けて、結果として地球温暖化も急速に進んでしまうのです。

■地球温暖化の影響

　それでは地球温暖化が起きるとどのような影響があるのでしょうか？　地球温暖化による影響は多岐にわたるとされています。例えば、平均気温の上昇によっ

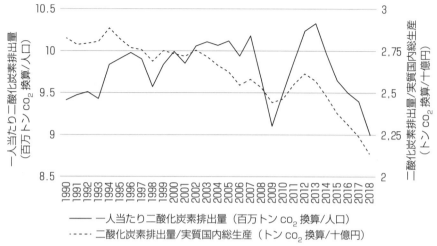

図12-6　日本の１人当たり二酸化炭素排出量と二酸化炭素排出原単位の推移

一人当たり二酸化炭素排出量（百万トン CO_2 換算/人口）

二酸化炭素排出量/実質国内総生産（トン CO_2 換算/十億円）

───── 一人当たり二酸化炭素排出量（百万トン CO_2 換算/人口）
‥‥‥‥ 二酸化炭素排出量/実質国内総生産（トン CO_2 換算/十億円）

出所：国立環境研究所「温室効果ガスインベントリオフィス」より

て植物の生育には大きな影響があり、暑さに弱い植物は減少する恐れが出ます。一方で、北海道などもともと寒い地域では逆にこれまで育たなかった植物が育つようになることもあります。このため、特に農業に大きな影響があるとされており、熊本県など暑い地域における農作物の収量の減少などが特に懸念されています。

　また、降水量については、より極端な変化になると指摘されています。これは、雨が長期間降らずに生活用水が減少する渇水の地域がある一方で、豪雨が集中して洪水などの被害が発生する別の地域も同時に発生しうるということです。特に、台風などの熱帯低気圧については、地球温暖化による海水温上昇などにより、従来よりも強い台風が日本に上陸する可能性が高まると言われており、被害の拡大が心配されています。

　健康問題もまた重要です。地球温暖化によって平均気温が高まることで、夏の気温も上昇してしまいます。このため、特に暑い地域では従来と比較して著しい熱中症の増加が考えられます。さらに、日本では、これまで発生していなかった熱帯地域の疫病が蔓延する可能性もあります。これは、従来は日本で定着していなかったマラリアやデング熱などを媒介する蚊が地球温暖化によって日本に定着

し、感染症を広げてしまうためです。同様に、熱帯地域の害虫や毒を持った危険な虫が繁殖してしまう可能性もあります。

　地球温暖化問題で特に心配されているのは、海面上昇です。日本を始め、海に面した多くの国は、海沿いに都市があることが多いですが、海水の熱膨張や、南極・グリーンランドなど陸地にある雪氷が地球温暖化によって急速に融解することで、海面が上昇し、海沿いの土地が沈んでしまうと言われています。特に影響が多いとされるのは、ツバルのように非常に海抜が低い島国であり、国土面積が大幅に狭まると危惧されています。ただ、海面上昇がどの程度進むかの予測は難しいとされています。これは、氷がいつからどれぐらいのスピードで溶けるかの予測が難しいためで、突然大量に溶け出す可能性もあるからです。ただ、少なくとも、地球温暖化が進むほどより海面上昇する確率が高まると予測されています。

■地球温暖化による被害を防ぐためには？

　地球温暖化の進行を防ぐ方法で最も基本的かつ重要なことは、温室効果ガスの排出を減らすことです。そもそも二酸化炭素をはじめとした温室効果ガスは、石油、石炭、天然ガスなどの化石燃料の燃焼や、土地利用変化から排出されるとされますが、特に多いのが化石燃料です。そして、この化石燃料が大量に用いられるのが、火力発電や製鉄などの産業部門、そしてガソリンなど燃料を利用する交通部門です。そして、これらの部門を中心に対策を行って温室効果ガスの排出量を削減していくことが地球温暖化を防ぐために必要となります。このように温室効果ガスを減らして地球温暖化を抑制する政策は**緩和**と呼ばれます。

　火力発電については、火力発電を減らし、他の発電方法に切り替える方法があるでしょう。例えば、二酸化炭素をほぼ出さない原子力発電もその一つですが、様々な問題点が懸念されており、少なくとも今後増やすことは難しいでしょう。そこで、現在、特に注目されている発電方法が、資源が枯渇しない再生可能エネルギーを用いた発電方法です。具体的には太陽光で発電を行う太陽光発電、風車を利用し自然の風で発電する風力発電、地下の熱を利用して発電する地熱発電、さらに植物をアルコールなどに加工して燃やし発電するバイオマス発電などがあります。ただ、これらの再生可能エネルギーによる発電は、基本的に火力発電と比較して費用が非常に高かったため、水力を除き近年まで普及が進みませんでした。ただ、現在は、技術進歩や大量生産などにより特に太陽光発電において発電

費用が急速に低下しています。さらに、政府も再生可能エネルギーの発電業者に対して補助金を与えることで、日本を含めた先進国を中心に急速な普及が進んでいます。

交通における温室効果ガスの防止については、ガソリン車の燃費を高めたり、電気を併用するハイブリッド車を代わりに用いたりすることが短期的な方法としてとられています。ただ、長期的に見るとそもそも化石燃料を使わない自動車を用いる方法がより良いとされており、近年は電気のみで走る電気自動車や、水素を用いる燃料電池車などが開発され、徐々に実用化されてきています。二酸化炭素をゼロにするという目標のため、将来的にはガソリン車の全廃をすべきという主張もありますが、様々なタイプの自動車があり、さらに電気自動車などの価格は現在非常に高額なことを考えると、急激な変更は難しいかもしれません。

地球温暖化による影響を減らすためには、温室効果ガスの排出を抑制して温暖化自体を抑えるだけでなく、地球温暖化してしまった社会において費用を支払うことで最終的に受ける被害を減らす、**適応**という方法もあります。適応の例としては、例えば海面上昇の場合は防潮堤を高くすることで、海面上昇による高潮の影響をある程度防ぐことができます。また、農業では暑さに強い新品種の開発も進んでいます。身近な例だと、暑くなり熱中症が増えるため、熱中症対策を行うというのも適応といえます。適切な適応は、短期的には緩和と比べるとより低費用で直接被害を抑えることが出来るので、長期的な被害を減らす緩和と併用して適応を行うことで地球温暖化の被害を抑えていくことが重要とされています。

■海外との協力で地球温暖化を防ぐ

また、自国だけで温室効果ガスの排出削減が難しい場合は、海外との協力も重要です。実際、2008年から2012年までの先進国の温室効果ガスの排出削減を求めた**京都議定書**では、京都メカニズムとして先進国間でお金を支払い代わりに排出削減を行う共同実施、先進国が途上国にお金を支払って排出削減するクリーン開発メカニズム、先進国が他の先進国から温室効果ガスの排出量の権利を購入するという**排出量取引**の３つの政策が導入されました。これらの方法は、簡単にいえば、排出削減する費用が低く、より温室効果ガスの排出を削減しやすい途上国や東欧などの一部先進国が、他の先進国の代わりに多くの排出削減を行い、代わりにお金を受け取るという方法であり、取引後は両国が得をするので、世界全体で

見てもより効率的な方法といえます。

　以下では、排出量取引について、具体的に見てみましょう。日本と海外のＢ国との取引を考えます。日本が二酸化炭素の排出量を１トン削減するのに9,000円の費用がかかり、一方でＢ国が二酸化炭素の排出量を１トン削減するのには3,000円の費用しかかからないとします。この理由としては、日本はすでにオイルショックなどを契機に早期から省エネを行い、これ以上二酸化炭素を減らすためには経済を犠牲にするか新技術での高額の投資をするかなどして多額の費用がかかりますが、Ｂ国は使用されている技術が古いため、もともと排出量が多く、少しお金を使えば容易に排出削減できることを想定しています。

　この場合、もし二酸化炭素の排出量の権利が排出量市場において１トン5,000円の価格で売買されていたらどうなるでしょうか？　このとき日本は１トンの権利を買って5,000円支払う代わりに、１トン削減するのを止めて費用9,000円を節約できるので、結果として日本は4,000円得をします。一方で、国Ｂは１トンの権利を売り5,000円もらうかわりに、１トン削減量を増やすので3,000円の費用が増えて、結局2,000円得をします。つまり２国の排出量の合計は変わりませんが、両者にとって利益が発生するという意味でお互いにとって得をする取引であることがわかります。この価格は排出量の需要や供給によって市場で決まる価格なので、つまり排出量の権利を売買できる市場を創設することにより、今までより低費用で二酸化炭素の排出削減を行うことができるのです。

　2015年の**パリ協定**において2100年までに世界の温室効果ガス排出量をゼロまたはマイナスにすることが求められています。この目標は非常に厳しいものであり、各国が独力でこの目標を目指そうとしても、目標も達成できず多大な費用が発生してしまうので実現は無理でしょう。ただ、パリ協定でも京都メカニズムのような経済的手法が利用可能なので、適切な環境政策をとりつつ国際的に協力しながら緩和や適応を行っていくことで、ある程度の温室効果ガスを抑えながら経済発展し、最終的にこの目標に近づけていくことは可能でしょう。

ポイント

地球温暖化問題
- 温室効果ガスは増加しており地球温暖化で様々な悪影響が起きうる

- 地球温暖化の被害を抑える手段として緩和と適応がある
- 他国との排出量取引など経済的手法で費用を下げることができる

12.4 環境経済学を今後に生かす

　ここまで紹介した廃棄物問題や地球温暖化問題を振り返ると、現在の環境問題では、単に汚染をなるべく多く減らすという視点だけでなく、実際に環境政策が実行可能なのか、環境政策をどうやって低費用で行うのか、など環境経済学の視点が重視されていることがわかります。それは、環境問題が長期間続く問題であり、継続して環境政策を続けるためには、経済になるべく悪影響を与えないように配慮することが求められるためです。このような複雑な問題には完全な答えがあるわけではないので、今後も日本や世界において引き続きより良い方法が模索され続けられるでしょう。

　環境問題は、生活に密接に関連した問題ですし、また大学卒業後に社会人として働く中でも直面していく問題です。企業としてゴミの削減や地球温暖化に対する対応は常に求められていますし、大企業を中心に地元や海外の環境保護に取り組む企業も増加してきています。これは、国による環境規制への対応だけではなく、企業のイメージアップにも繋がり、地元自治体や住民との関係強化、企業価値の向上、売上増など様々なインセンティブもあるために自主的に行われている環境保護活動も多々みられます。このように生活や仕事の中で環境保護への取り組みが増加する中で、環境経済学的な視点をもつことは今後の役に立つでしょう。

ポイント

環境経済学を今後に生かす
- 現代の環境問題は生活に加え仕事でも関わる機会が増えている
- 環境への取り組みは企業の価値向上にも繋がる可能性がある
- これらの取り組みをする上で環境経済学的な視点を持つと役に立つ

コラム　プラスチックゴミ

　プラスチックゴミは近年問題視されていますが、その理由にはいくつかあります。第一に、そのゴミの量が非常に多く、多くが焼却処分されていることです。令和元年度の環境白書によると最近でも1000万トンのプラスチックゴミが発生しており、その多くは焼却処分され、約1800万トンもの二酸化炭素が排出されています。もちろんリサイクルも行われていますが、処理費用が高くリサイクル後も資源としての需要が少ないなどの点から他の資源と比べると不十分です。

　第二に、プラスチックゴミは自然で分解されづらいため、適正に処理されなかったものが川や海に流出し、他国に漂流ゴミとして流れついたり、ウミガメやアザラシや海鳥などの貴重な動物へ害をもたらしたりしています。これは日本においても特に福岡県などの日本海側への漂着ゴミが多く、それを掃除するためには費用や人手がかかりますし、周辺の生態系や住環境にも悪影響を与えるため、日本を含む世界で対策が行われています。

　第三に、プラスチックが海岸での波や紫外線等の影響によって非常に細かい粒子となるマイクロプラスチックという問題も近年は注目されています。これは食物連鎖を通じて人体や動物の体内に容易に取り込まれてしまうため、健康被害の可能性が懸念されています。

　このような状況で、最近は脱プラスチック運動が進みつつあります。ただ、コンビニやスーパーの買い物でビニール袋を全く使わないというのは難しいでしょう。そこで、新技術として環境にやさしいプラスチックの利用が促進されています。例えば、石油の代わりにサトウキビなど生物由来原料を用いたバイオマスプラスチックや、微生物に分解される海洋生分解プラスチックをビニール袋に利用する方法です。ただ、これらの新たなプラスチックは高費用であり、品質も必ずしも高いとはいえません。今後は、これらの対策をいかに低費用で持続的に続けていくかが問題となるでしょう。

【読書案内】

栗山浩一・馬奈木俊介（2020）『環境経済学をつかむ（第4版）』有斐閣

　日本の環境経済学の著名な専門家による環境経済学の初学者向けのテキストで、現代における環境経済学の具体的な問題にはどういうものがあるのか、環境政策とは何か、などが現代の例を中心として具体的かつ簡潔に紹介されています。

第13章 | 少子高齢化問題

13.1　はじめに

　現在の日本で**少子高齢化**の問題が深刻化していることは、みなさんもよくご存じのことと思います。具体的には少子高齢化にともなって、年金財政の逼迫や、医療・介護サービスの不足、労働力の不足などの問題が生じます。若年世代の地方から都市への移動もあいまって、これらの問題は地方においてより深刻になっており、このままでは地方が消滅してしまうという予測もあります。

　一方で、少子高齢化を含む将来の人口の状態は、経済学が行う様々な推計の中でも、比較的容易に予測できるものです。10年後の GDP は予測不能ですが、10年後の日本の人口や高齢化率はほぼ正確に予測できます。現在18歳の人は生きていれば10年後に確実に28歳になります。また、ある人が100歳まで生きるかどうかはわかりませんが、100人の人のうち何人が100歳まで生きるかはほぼ正確に予測できるのです（大数の法則）。人口の問題は予測しやすいので、問題が予測できるならば、あらかじめ対策を立てておくことができます。

　この章では、少子高齢化問題の現状や、将来人口についてのほぼ確実な予測を紹介し、少子高齢化によって引き起こされる問題を確認した上で、その対策について議論します。

13.2　少子高齢化の現状

■合計特殊出生率

　合計特殊出生率は一人の女性が生涯に平均して何人の子どもを産むかを表します。人口が維持されるためには、一人の女性が平均して 2 人以上の子どもを産む

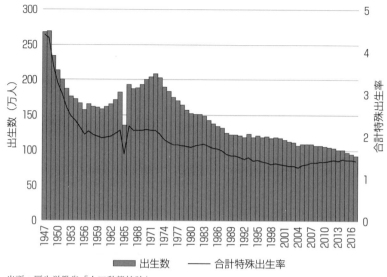

図13-1　出生数と合計特殊出生率の推移

出所：厚生労働省「人口動態統計」

　必要があります。基本的に1組の男女（2人）から2人の子どもが産まれることで人口は維持されます。ただし、出産可能になる前に亡くなる場合があること、女子よりも男子が生まれる確率がわずかに高いことから、人口が維持されるために必要な合計特殊出生率（人口再生産水準）は2よりも少し大きい2.08となります。

　2018年の合計特殊出生率は再生産水準を大きく下回る1.42です。このままでは日本の人口はどんどん少なくなっていきます。その過程でまず子どもの数が減りますから、子どもの数が少なくなって高齢者の相対的な比率が高まる少子高齢化が生じます。医学等の進歩により寿命が延びたことも高齢化の一因ではありますが、少子化は自動的に高齢化を生み出します。

　図13-1は出生数と合計特殊出生率の推移を表したグラフです。戦後すぐの時期の出生率は4を超えていました。この時期に生まれた世代は**団塊の世代**（1947年から1949年生まれ）とよばれています。そこから出生率は減少し、1955年から1975年の間、1966年の丙午による減少を除いては、出生率は再生産水準付近の値となっています。この時期、出生率があまり変化していないにもかかわらず出生

図13-2　都道府県別合計特殊出生率（2018年）

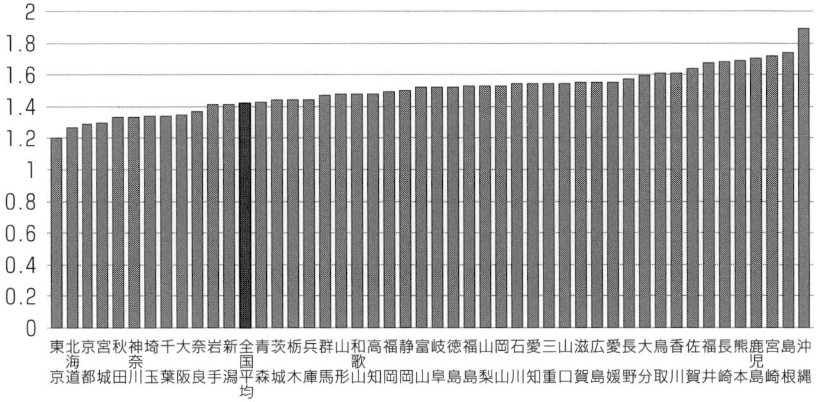

出所：厚生労働省「人口動態統計」2018年

数が上昇しているのは、団塊の世代が出産期をむかえることで、出産する女性の人口が増えているからです。この時期に生まれた世代は団塊ジュニア（1971年から1974年生まれ）とよばれています。出生率が継続的に再生産水準を下回るようになったのは1975年以降です。その後も出生率は徐々に減少し、2005年には過去最低である1.26まで落ち込みました。近年では、保育所の整備など各種の少子化対策が取られたことで、出生率は微増傾向となっています。出生率は微増傾向ですが、出生数は減少しています。これは1970年代後半以降の長期的な少子化傾向の下で、親世代の人口も少なくなっているからです。出生率の低下に歯止めがかかったとしても、出生数の減少はすぐには止まりません。

■都道府県別合計特殊出生率

　図13-2は2018年の都道府県別の合計特殊出生率を表したものです。出生率が低い都道府県から順に左から並べています。全国平均は1.42で最小値は東京都の1.20、最大値は沖縄県の1.89です。一般に東京や大阪などの都市とその周辺で出生率が低く、地方で出生率が高いことがわかります。

■将来人口推計と高齢化率の推移

　高齢化率は全人口に占める65歳以上の人口の割合をいいます。図13-3は人口

図13-3 人口構成と高齢化率の推移

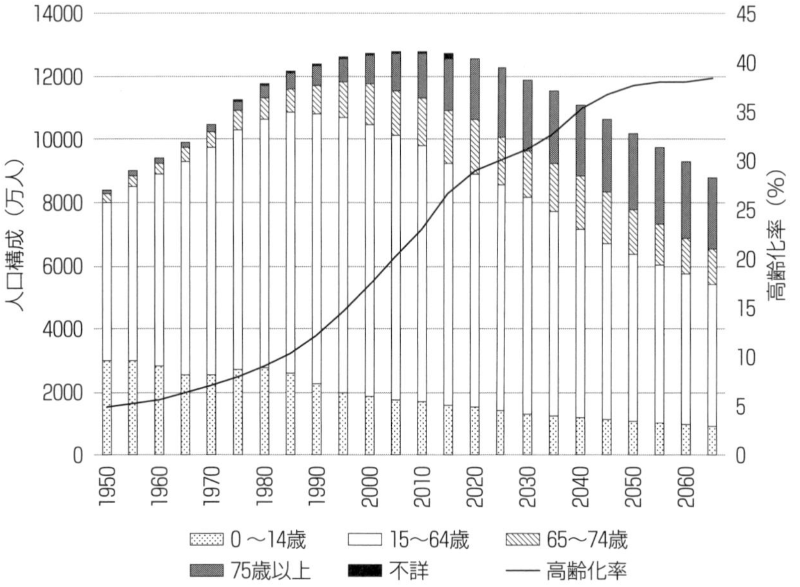

出所：2015年以前は総務省「国勢調査」、2020年以降は国立社会保障・人口問題研究所「日本の将来推計人口（平成29年推計）」

構成と高齢化率の推移を示したものです。2020年以降の数値は予測値ですが、前に述べたように人口に関する予測は比較的正確です。

　高齢化率は2050年ころには40％近くまで上昇することが予想されています。団塊の世代は2016年にすでに65歳となっており、その後の高齢者人口は大きくは増えません。今後の高齢化率の上昇は主に若年人口の減少によるものです。少子化は自動的に高齢化をもたらします。高齢化率の上昇とともに生産に従事する15歳から64歳の人口減少も問題です。

ポイント

- ●出生率は人口再生産水準を大きく下回っている。
- ●出生率は都市部で低く、地方で高い。
- ●少子化に伴う高齢化率の上昇と生産可能人口の減少が予想される。

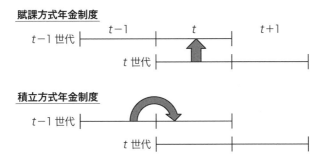

図13- 4　賦課方式年金制度と積立方式年金制度

13.3　少子高齢化が引き起こす諸問題

■年金財政の逼迫

　近年の日本政府の歳出のなかで、最も大きな割合を占めているのは年金を含む**社会保障関連費**です。社会保障関連費は平成30年度（2018年度）の一般会計歳出総額の33.7％を占めており、歳出のおよそ３分の１が社会保障関連費となっています。社会保障関連費の主な内訳は年金・医療保険・介護保険です。

　年金制度は退職するなどして主な稼得手段を持たない高齢者に対し、定期的に一定額の金銭を給付する制度ですが、現在の日本の年金制度では、その財源には若年者が負担する保険料が充てられています。このように現在の高齢世代に支払う年金を、現在の若年世代が負担するしくみを**賦課方式年金制度**といいます。一方、現在の高齢世代に支払う年金を、その世代自身が過去に負担して積み立てておいた保険料でまかなうしくみを**積立方式年金制度**といいます。図13- 4 は賦課方式年金制度と積立方式年金制度を説明した図です。人は２期間生きるとし、人生の前半を若年期、後半を老年期と呼ぶことにします。$t-1$ 期に生まれた世代を $t-1$ 世代と呼ぶならば、$t-1$ 世代は t 期には老年期になっています。$t-1$ 世代の年金を次の世代である t 世代が負担するのが賦課方式年金制度、$t-1$ 世代が若年期に負担して積み立てた保険料を充てるのが積立方式年金制度です。賦課方式年金制度の下で少子高齢化が生じると、人口が多い $t-1$ 世代に支払う年金を、人口が少ない t 世代が負担することになり、t 世代一人あたりの負担が重くなります。積立方式年金制度に移行すればよいと思われるかもしれませんが、t 世代

の保険料を t 世代自身の年金に充てるとすると、$t-1$ 世代への年金の支払いは誰が行うのかという問題が生じます。

近年の日本ではすでに若年世代から得られる年金保険料だけでは高齢世代への年金の支払いをまかなうことはできておらず、年金には公費（税金）が投入されています。

■医療・介護サービスの不足

2020年現在、年金財政の逼迫はすでに生じています。団塊の世代は2020年には69歳となり年金を受け取る側となっています。近い将来、人口が多いこの世代が後期高齢者（75歳以上）となるにつれて顕在化してくる問題が、医療と介護の問題です。

人口が多い団塊の世代が後期高齢者になるにつれて、医療・介護サービスの需要が増加することが予想されますが、一方で近年の医療・介護業界では人手不足が深刻化しています。医療・介護業界の人手不足の原因として、仕事の大変さに比べて賃金が低いことがあげられます[1]。医療・介護業界において、仕事の大変さに比べて賃金が低い原因は、機械設備の導入による効率化が難しく、**労働集約的**な現場であるためです。一定の価値を生産するために必要な労働量が多い生産技術を労働集約的といいます。労働集約的な現場では一定の労働投入あたりの生産量（労働生産性）が低いために賃金が低くなります。医療・介護の現場での機械設備の導入が困難であるのは、それが人間を相手にするサービスであるためですが、近年では、介護を補助するロボットや、ICT 技術を取り入れるなどの技術革新が進んでいます。

■労働力の不足

若年層を中心とする人口の減少は、医療・介護サービス業だけでなく全産業における労働力の不足を招きます。労働力の不足は生産力の減少につながり GDP を押し下げます。少子化はわが国の経済成長を阻害する要因にもなり得ます。生産量は資本（生産設備）・労働・技術水準によって決まりますから、若年労働力が減少した場合に生産水準を維持するためには、資本を増やすか、今まで活用さ

1）「介護の仕事のイメージについてのアンケート調査」、長崎県福祉保健部保健課、2014 年。

れてこなかった労働を活用するか、技術を進歩させるかのいずれかが必要です。技術革新や生産設備の増大により、労働生産性を上昇させることができれば、より少ない労働で同じ生産水準を維持することができます。

　また、今まで活用されてこなかった労働を活用することも重要です。今まで活用されてこなかった労働には、高齢者、女性、外国人労働者などが含まれます。安倍内閣の「一億総活躍社会」のスローガンはこのような背景の下で打ち出されたものです。また外国人労働者の受け入れについてもさかんに議論されています。

ポイント

● 少子高齢化は年金財政の逼迫や、医療・介護サービスの不足、労働力の不足など様々な問題を引き起こす。

コラム　地方消滅

　ある地域の人口構成を決定する要因には、出生と加齢および死亡以外に、他の地域との間の転出入があります。図13-2で見たように、地方ほど出生率が高い傾向にありますが、進学や就職などを転機として若年世代が都市部へと流出すれば、少子高齢化は地方ほど深刻な問題となります。生産可能人口の減少は地域経済を衰退させ、中山間地域や農村部では過疎化の進行とともに後継者不足が深刻化して、このままでは地方が消滅してしまうという指摘さえあります。

　熊本県では、高度経済成長期に大幅な転出超過があったのち、わずかな転入超過が数年続きましたが、1981年以降は概ね転出超過の状態にあります。出生率低下の全国的な傾向もあって県内人口の減少が続いています。年齢階級別では15歳から24歳の転出超過が多く、2014年にはこの年齢階級の中から１万人弱（9,883人）が県外へと転出しました（転入数と合わせた純減は−3,744人。主な転出先は東京圏、主な転入元は福岡県以外の九州各県）。この世代の転出が多いのは進学・就職等を理由として県外に転出しているからです。県内高校卒業者の県外就職率は39.1％で全国６位、大学進学者の55％が県外

の大学に進学し、県内大学卒業者の55.6％が県外企業に就職しています（熊本県 人口ビジョン）。次代をになう人材の流出を防ぐことが喫緊の課題と言えます。

　転出による人口減少に歯止めをかけるためには、雇用の創出や高等教育環境の整備、安心して暮らし続けられる地域づくりを進めることが必要です。特に熊本県では高卒・大卒者の県内就職率を高める必要があり、若者に魅力ある雇用と生活の場を創設しなければなりません。

13.4　少子化の原因と対策

■「量」から「質」へ

　図13-1では、長期間にわたって合計特殊出生率が低下してきたことを見ました。出生率はなぜ低下してきたのでしょうか。ここでは経済的な側面から原因を考えてみましょう。子どもを産み育てるという行為を、損得勘定でとらえることには抵抗があるかもしれません。しかし、子どもの数を選択するときに考慮する要因の一つとして、経済的側面を考えてみることは重要です。

　近代化以前、女性が一生の間に産む子どもの数は再生産水準を大きく超えていました。農村社会では子どもは貴重な労働力であり、たくさんの子どもを産むことが親世代の生活を支えることになりました。また、現代と比較して**乳幼児死亡率**が高く、多くの子どもを産んでも成人前に死亡することがよくありました。このため子どもの「量」が必要でした。

　しかし、近代になって、医学が進歩し衛生環境が改善されると、乳幼児死亡率が低下して、「量」を産まなくても人口の再生産ができるようになりました。そのとき、子どもの「量」から「質」への転換が生じました。乳幼児の間に亡くなる可能性が低いので、たくさんの子どもを産まなくても労働力を確保できます。むしろ近代化以降重要となってきた技術の進歩に対応するための子どもの「質」が大事です。少数の子どもに十分な費用を掛けて良い教育を与え、高い技能を持った労働者を育てることが、親世代の豊かさにつながります。子どもの「量」から「質」への転換が生じたこと、これが出生率低下の一因と考えられています。

少子化は近代化の当然の帰結であって、高度な技術に対応するために少数精鋭の子どもを生みだしていることになります。

■女性の社会進出

　図13-2でみたように、出生率を都道府県で比較すると東京や大阪の周辺など都会ほど出生率が低いことがわかります。なぜ都会は地方と比べて出生率が低いのでしょうか。都会では地方と比べて女性の**労働力率**が高いことが知られています。**仕事と家庭の両立**が十分にできない環境では、働く女性は結婚・出産・育児のために休業しなければならないことを嫌います。産前・産後休業制度や育児休業制度を利用すれば、もちろん会社を辞める必要はありません。しかし、職場環境によっては自分が休みを取ることで周囲に迷惑がかかるかもしれないと遠慮する気持ちがあるかもしれません。また休業中にスキルの断絶が生じることを恐れる場合もあります。このような場合には、仕事を継続したいために子どもを産まないという選択を行うことが考えられます。

　図13-5は女性の労働力率を年齢階級別に示したものです。労働力率とは労働力人口をその年齢階級の人口で割ったものです。労働力人口には実際に働いている就業者だけでなく、失業者も含まれます。働く意思と能力を持った人が労働力人口の定義です。実際に働いているかどうかは関係ありません。

　1985年の女性の労働力率を年齢階層別に見てみましょう。労働力率は20代前半にかけて上昇しますが、その後20代後半から30代前半にかけていったん低下します。このことはこの年齢階層の女性が出産・育児のために労働市場から退出していることを表します。その後40代になると子育てが一段落した女性が労働市場に復帰し始めます。そのため女性の労働力率を表すグラフはアルファベットのMのような形をしており、**M字カーブ**と呼ばれています。女性の労働力率がM字となるのは、出産・育児のために会社を辞めているからです。仕事と家庭の両立ができる環境が十分でないと、出産・育児のために会社を辞めなくてはならなくなり、それを嫌う女性は子どもを産まなくなります。

　1985年から2015年にかけてM字の底が上がってきました。仕事と家庭の両立ができる環境が整備されてきたのかもしれません。一方で、同じ時期にM字の形状が右側に歪んできています。これは晩婚化によるものです。M字の底が上がるという現象は、仕事と家庭の両立が改善されたことを表すかもしれませんが、

図13- 5　年齢階層別労働力率（女性）

出所：総務省「労働力調査」

単に結婚しなくなったから、初婚年齢が上昇したからだとの指摘があります。未婚化と晩婚化の結果に過ぎないという指摘です。仕事と家庭の両立の問題はより一層の改善が求められます。

■仕事と家庭の両立のために

　仕事と家庭の両立が困難な状況では、出産・育児のために女性が会社を辞めることになり、それを避けるために子どもを産まないという選択をすることになります。少子化問題の解決のためには、仕事と家庭の両立ができる社会を作る必要があります。そのためには、政府、企業、家計がそれぞれ努力しなければなりません。

　まず政府は、産前・産後休業制度や育児休業制度を整備し、出産や育児によって労働者が不利益を受けることがないようにする必要があります。また保育所を含む児童福祉施設を整備し育児にかかる負担を軽減することも大事です。

　企業は、労働者が産前・産後休業制度や育児休業制度を容易に利用できるように職場の環境をより改善しなければなりません。勤務日や勤務時間をより多様で柔軟なものにすることも有効でしょう。また休業中の労働者のスキルの低下を防

図13-6　夫婦の出生子ども数分布の推移（結婚持続期間5～9年）

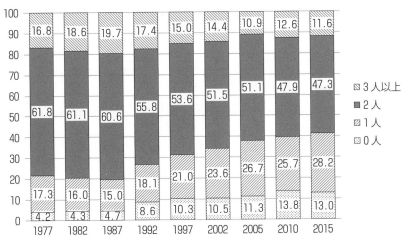

出所：厚生労働省「出生動向基本調査」

ぐために、訓練制度を整備することも必要です。

　また、家庭内での夫の協力も欠かせません。日本では未だ男性の育児休業取得率が低水準に留まっています。2018年度は1996年度の統計開始以来過去最高の値となりましたがそれでも6.16％です（女性は82.2％）。子育ての多くの部分が女性の負担となっています。もはや啓発だけでは十分ではないことは明らかです。より一層、夫の家事育児への協力が求められますし、それを阻害する要因を洗い出して解決していく必要があります。

■非婚化と晩婚化

　図13-6は結婚持続期間が5～9年の初婚どうしの夫婦を対象として、子どもの数の推移を表したものです。結婚していることを前提とすれば、最近でも半数以上の夫婦が2人以上の子どもを持ちます。また、近年では子どもの数1人の夫婦の割合が増えています。結婚することを前提とすれば2人以上の子どもを持つ夫婦の割合が多いことから、合計特殊出生率が2を大きく割り込む原因の一つは非婚化であるといえます。また、近年、子どもの数が2人以上の夫婦の割合が減少し、子どもの数1人の夫婦の割合が増えている原因の一つは晩婚化にあるとい

えます。

　初婚年齢が上昇するにつれ、第一子が生まれた時の母親の平均年齢も上昇し、2010年頃に30歳を上回り、2017年には30.7歳になりました（人口動態統計）。これは1975年よりも５歳高い年齢です。女性の出産可能年齢には生物学的な上限があると考えられることから、晩婚化は夫婦がもつ最終的な子どもの数（完結出生児数）を減少させ、少子化へとつながります。

　非婚化・晩婚化の原因としては、前述した仕事と家庭の両立が困難という就業環境のほかに、結婚観の変化が指摘されています。ある程度の年齢に達すれば結婚する、という社会的な規範が薄れ、結婚が個人的な理由に基づく選択の問題となっています。

ポイント

- 少子化の原因として、子どもの「量」から「質」への変化、仕事と家庭の両立困難、結婚観の変化などが指摘されている。
- 仕事と家庭の両立について、政府・企業・家計のそれぞれの努力が求められる。

13.5　まとめ

　本章では、少子高齢化の現状を確認し、少子高齢化が引き起こす様々な問題を見ました。また、少子化が生じた原因について考察し、その解決方法について議論しました。データ等を通じて、現実経済で生じている問題を把握し、その原因を突き止め、解決方法を考えるという思考プロセスは、経済学の重要な考え方です。

　少子化高齢化は様々な問題を引き起こしますが、その原因が、子どもの「量」から「質」への転換という近代化の避けがたい帰結である場合や、結婚観の変化といった個人の価値観の問題であった場合には、その解決はかなり困難と言えるでしょう。また、たとえ出生率が回復したとしても、1970年代後半以降長期的に続く少子化傾向の下で、親世代の人口も減少していることから、出生数は急には増えません。さらに、今年生まれた世代が生産可能年齢に達するまでには時間が

かかることから、現在生じている問題の解決にはなりません。

　仕事と家庭の両立を進めるなど、出生率の維持に努めながらも、年金制度を含む社会保障制度の整備や、労働力不足に対応するための技術革新と、女性・高齢者・外国人労働者の活用等の議論をすすめ、少子高齢化という現実に対応した**持続可能な社会**の仕組みづくりを考えることが必要です。

【読書案内】

吉川洋（2014）『人口と日本経済』中公新書

　人口減少について経済成長に与える影響を議論しています。技術革新の重要性を指摘しました。

山崎史郎（2017）『人口減少と社会保障』中公新書

　人口減少が社会保障制度に与える影響を議論し、高齢者偏重から全世代型への転換を提案します。

山下祐介（2012）『限界集落の真実』ちくま新書

　高齢化によって消滅が危惧される地方の限界集落について、ハード面ではなくソフト面の強化による解決を提案します。

第14章 | 恋愛の経済学

　本章では恋愛問題を取り上げます。なぜ経済学で恋愛問題なのかと疑問に思う人も多いでしょう。しかし、男女のカップルの形成を、男性や女性に対する需要と供給のマッチングであると考えれば、第2章で学んだ、市場における需要と供給の議論の応用として位置づけられることがわかります。実際、経済学では、このような視点から**マッチング理論**（matching theory）の研究が進んでいます。この理論を男女の恋愛市場に当てはめることで、カップルの形成過程を明らかにすることができます。それだけでなく、好きな人がいる場合、その人に積極的にアタックした方がよいか、それとも相手の出方を待ったほうがよいか、という問題についても評価することができるのです。

　ちなみにこのマッチング理論は、我が国では研修医のマッチング・プログラムとして2003年から実際に活用されており[1]、さまざまな経済理論の中でも高い実践力を有しています。この理論を提唱したアルヴィン・ロスとロイド・シャープレーの2人は、2012年度にノーベル経済学賞を受賞しました。マッチング理論は高校で学習した内容ではありませんが、経済学を身近に感じてもらうために、この章を用意しました。

　以下では、男女のマッチング理論を用いて、カップルが成立する様子を具体的に学びます。そのうえで、好きな人ができた場合の最適戦略について検討します。

14.1　マッチング理論

　ここに男女共学のクラスがあるとします。大学のサークルや部活をイメージし

1）これを「医師臨床研修マッチング」と言います。

図14-1　男女の選好の例

① ある男性 m の選好：
$P(m) = w_2, w_6, w_3, m, w_1, w_5, w_4$

② ある女性 w の選好
$P(w) = m_1, m_3, w, m_2, m_4$

ても構いません。そのクラスには男性 n 人と女性 p 人がいます。男性の集合を M で表し、その構成員を m_1 君、m_2 君、…、m_n 君で表します。同様に、女性の集合を W、その構成員を w_1 さん、w_2 さん、…、w_p さんで表します。このとき、男性の数と女性の数が必ずしも一致する必要はありません。

　次に、男女のマッチング理論で使用される用語を定義しておきます。まず、ある男性 m 君の**選好**（preference）を $P(m)$ で表し、同様に、ある女性 w さんの選好を $P(w)$ で表します。

　図14-1の①を見てください。m 君の選好 $P(m)$ の具体例を示しています。その右側には、基本的に女性の名前が並んでいます。これは、m 君にとっての好きな人のリストを表しています。特に、右辺の最初に w_2 とありますが、これは m 君にとって最も好きな女性が w_2 さんであるということです。次に好きな女性が w_6 さん、その次が w_3 さんです。ところが、その次を見てください。m 君自身の名前が出ています。この意味は、m 君がお付き合いしたいと思っている女性は上位の3名のみであり、m 君の名前よりも下位（右側）に出てくる女性とはお付き合いしたくない、つまり「自分自身 m を選択したほうがよい」ということです。自分自身を選択することを、「シングルを選択する」と言います。一般的には、m 以下を省略し、お付き合いしたい女性のみを表記します。

　ある女性 w さんの選好 $P(w)$ も同様に考えます。図14-1の②では w さんにとって最も好きな男性から順に名前が出ています。途中、w さんの名前が出ていますが、それ以降に書いてある男性とお付き合いするくらいなら自分自身を選択するという意味です。こちらも w 以下を省略し、お付き合いしたい男性のみを表記する場合があります。

　次に、グループ内のすべての個人の選好情報を集めたリスト、すなわちクラス全員の好きな人リストが、**選好プロフィール** P です（図14-2）。

図14-2　選好プロフィール

$$P = \{P(m_1), P(m_2), \cdots, P(m_n), P(w_1), P(w_2), \cdots, P(w_p)\}$$

図14-3　男性3人、女性3人の場合の選好プロフィールの例

$P(m_1) = w_2, w_1, w_3$	$P(w_1) = m_1, m_3, m_2$
$P(m_2) = w_1, w_3, w_2$	$P(w_2) = m_3, m_1, m_2$
$P(m_3) = w_1, w_2, w_3$	$P(w_3) = m_1, m_3, m_2$

　なお、この選好プロフィールは究極の個人情報ですので、実際にはクラスメイトには公開されません。各人は自身の選好だけしかわかりません。しかし、我々はこれからマッチングの問題を解かなければならないので、神様と同じ立場で、クラス全員の好きな人リストを把握しておくことにします。

　図14-3では、男性3人、女性3人からなるグループの選好プロフィールの具体例を示しています。この選好プロフィールは後で使いますので、注目点を述べておきます。まず、このプロフィールではグループ内で自分自身よりも下位にランクされる異性はいません。また、女性のうちw_1さんとw_3さんは、男性の好みが完全に一致しており、恋愛においてはライバルとなる可能性があります。

　グループ内での**マッチング**は「男女の組み合わせ」として定義されます。このとき、男性の数と女性の数が異なる場合には、異性とカップルを作れない人が出てきます[2]。その場合は、自分自身とマッチングすると考えます。具体例を用いて説明しましょう。図14-3のように男性が3人、女性が3人からなるグループでは、全部で6通りの異性とのマッチングパターンを作ることができますが、以下に、主な3つを示しておきます。

$$\mu_1 = \begin{bmatrix} w_1 & w_2 & w_3 \\ m_1 & m_2 & m_3 \end{bmatrix}, \ \mu_2 = \begin{bmatrix} w_1 & w_2 & w_3 \\ m_1 & m_3 & m_2 \end{bmatrix}, \ \mu_3 = \begin{bmatrix} w_1 & w_2 & w_3 \\ m_3 & m_1 & m_2 \end{bmatrix} \tag{1}$$

　それぞれのマッチングにμ_1、μ_2、μ_3と名前を付けておきます。μはギリシャ文

2）男女の数が同数でも、選好プロフィール次第では異性とカップルを作れない人が出てくる場合があります。

字で「ミュー」と読みます。カギ括弧でくくった部分の上段に女性の名前、下段に男性の名前が並んでいますが、カップルは上下の組で示されています。たとえば、μ_1 では、w_1 さんと m_1 君、w_2 さんと m_2 君、w_3 さんと m_3 君が、それぞれカップルになっていることを示しています。

一般的に、マッチング μ が与えられたとき、男性 m 君のパートナーが w さんであることを、

$$\mu(m) = w$$

と表します。これを、女性 w さんの視点で表現すると、

$$\mu(w) = m$$

となります。したがって、(1)のマッチング μ_1 は、具体的には

$$\mu_1(m_1) = w_1, \ \mu_1(m_2) = w_2, \ \mu_1(m_3) = w_3$$

同じことですが、

$$\mu_1(w_1) = m_1, \ \mu_1(w_2) = m_2, \ \mu_1(w_3) = m_3$$

と書くことができます。

これに対して、もしもマッチング μ において、自分自身とマッチングしているのであれば、$\mu(m) = m, \ \mu(w) = w$ と書きます。

14.2 カップル成立までのシミュレーション

本節では、男性3人、女性3人の6人グループにおけるカップルの成立過程をシミュレーションします。選好プロフィールは図14-3のものを用います。また、シミュレーションに際し、次のようなルール（ルール1）を導入します。

ルール1	●男性から告白。
	●振られたら次に好きな人にアタック。

まず、男性から一番好きな女性に告白します。このとき、振られる可能性があ

図14-4　男性からアタックする場合の第1ラウンドの様子

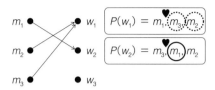

るのですが、その場合には、次に好きな女性に告白します。以下のシミュレーションでは、第1ラウンド、第2ラウンド、といった言葉を用いますが、イメージとしては1ラウンドを1年間で考えるとよいでしょう。

■シミュレーション1：男性が告白するケース

【第1ラウンド】　男性 m_1 君から順に、意中の女性にアタックしてみましょう。図14-3の選好プロフィールから、m_1 君が最も好きな女性は w_2 さんですので、w_2 さんのもとへ行き、愛を告白します。すると、w_2 さんは m_1 君とお付き合いしてもよいと考えていますので、w_2 さんは m_1 君の申し出を受け入れます。これでまず1組のカップルが誕生しました（**図14-4**）。

　次に、m_2 君の番です。彼が最も好きな女性は w_1 さんなので、w_1 さんのもとへ行き、お付き合いの申し出をします。ところが、「ちょっと待った」の声がかかります。実は、もう一人の男性 m_3 君も、w_1 さんのことが一番好きなのです。この場合、w_1 さんには m_2 君と m_3 君の2人の男性からお付き合いの申し出がなされることになります。このように、複数の男性が同一の女性のもとに集まった場合、女性は集まった男性の中から最も好きな男性を選ぶ、と考えましょう。すると、この場合、w_1 さんは m_3 君を選ぶことがわかります。これで第1ラウンドでは、(w_2, m_1) と (w_1, m_3) の2組のカップルが誕生しました。残念ながら、m_2 君は振られてしまいましたので、第2ラウンドで次に好きな女性にアタックすることになります。

【第2ラウンド】　第2ラウンドが始まる時点では、m_1 君と w_2 さん、そして m_3 君と w_1 さんが付き合っています（**図14-5**）。しかし、m_2 君にはまだ彼女がいません。一番好きだった w_1 さんには第1ラウンドで振られてしまいました。そこで、心機一転、m_2 君は次に好きな女性 w_3 さんにアタックすることにします。これに対して、w_3 さんの選好を見ると、m_2 君は本命ではないのですが、お付き合

図14-5　第1ラウンドと第2ラウンドの様子

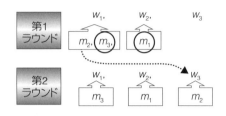

いしてもよいと考えていますので、w_3 さんは m_2 君の申し出を受け入れます。

　以上の結果、成立したマッチングは、(1)で見たマッチングの中の、μ_3 であることがわかります。

■シミュレーション2：女性が告白するケース

　これまで、男性が告白する場合のカップル成立の様子を見てきました。次に、ルール1を一部変更し、女性から男性に告白する場合を考えてみましょう。

ルール2
- 女性から告白。
- 振られたら次に好きな人にアタック。

　このシミュレーションの注目点は、男性が告白するケースと女性が告白するケースとで、成立するマッチングは同一となるのか、それとも異なるのか、ということです。

【第1ラウンド】　図14-3では w_1 さんと w_3 さんの好みが完全に一致しており、ライバル関係にありますので、まずは問題のなさそうな w_2 さんから見ていきます（図14-6）。w_2 さんが最も好きな男性は m_3 君ですので、m_3 君に対して愛を告白します。これに対して、m_3 君は w_2 さんとお付き合いしても良いと思っていますので、w_2 さんの申し出を受け入れます。これで、まず1組のカップルが成立しました。

　次に w_1 さんを見てみましょう。w_1 さんの意中の男性は m_1 君ですから、m_1 君に対して告白しようとします。ところが、女性陣の中から「ちょっと待った」の声が上がります。w_3 さんも、やはり m_1 君のことが一番好きなのです。その結果、m_1 君の前には w_1 さんと w_3 さんの2人の女性が現れ、それぞれが m_1 君に求愛

図14-6　女性からアタックする場合の第１ラウンドの様子

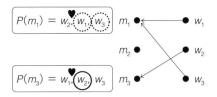

図14-7　女性がアタックする場合の第２・第３ラウンド

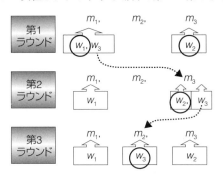

します。このように、複数の女性が求愛してきた場合、男性は集まった女性の中から最も好きな人を選ぶことにします。すると、この場合、m_1 君は w_1 さんを選ぶことがわかります。以上の結果、第１ラウンドでは、(w_1, m_1) と (w_2, m_3) の２組のカップルが成立することがわかります。

【第２ラウンド】　第１ラウンドでは w_3 さんが彼氏を作れませんでしたので、w_3 さんは第２ラウンドで２番目に好きな男性にアタックすることになります（図14-7）。w_3 さんの選好によれば、その人は m_3 君です。しかし、ここでまた新たな問題が発生します。m_3 君は第１ラウンドで w_2 さんとお付き合いを始めているのです。第２ラウンドでの w_3 さんの登場によって、m_3 君の前に２人の女性が現れることになります。この場合も第１ラウンドと同様に、男性は集まった女性のなかから最も好きな人を選ぶと考えます。すると、m_3 君の選好からわかるように、m_3 君は第１ラウンドからお付き合いをしている w_2 さんを選ぶことがわかります。

【第３ラウンド】　さて、２連敗してしまった w_3 さんですが、この時点でまだ付き合っても良い異性がいる場合には第３ラウンドに進むことになります（もしい

なければ自分自身を選択し、マッチング・プロセスは終了します）。実際、w_3 さんの選好をみると、あと 1 人、m_2 君がいるのです。そこで、w_3 さんは第 3 ラウンドで、m_2 君にお付き合いを申し出ます。すると、m_2 君はそれまで彼女がいないうえに、w_3 さんとはお付き合いしても良いと考えていますので、ここでようやく最後のカップルが誕生するのです。以上のプロセスの結果、得られたマッチングは (1) の μ_2 に一致することがわかります。

　ここまでの話から、告白する側が男性か女性かで、達成されるマッチングが異なることがわかりました。このことから、男女を問わず、積極的に行動するのか、それとも相手の出方を待つのか、といった恋愛に対するスタンスの違いによって、その人のパートナーは異なってしまうことも理解できます。

　もちろん、達成されるマッチングはどのような場合でも異なるわけではありません。次の問題のように、人々の好みが全く同じ場合には、男性がプロポーズしても、女性がプロポーズしても同じマッチングになります。各自で確認してください。

【問題 1】　次の選好プロフィールのもとで、男性がプロポーズする場合と女性がプロポーズする場合とで得られるマッチングを求めなさい。

$$
\begin{aligned}
P(m_1) &= w_1, w_2, w_3, & P(w_1) &= m_1, m_2, m_3 \\
P(m_2) &= w_1, w_2, w_3, & P(w_2) &= m_1, m_2, m_3 \\
P(m_3) &= w_1, w_2, w_3, & P(w_3) &= m_1, m_2, m_3
\end{aligned}
$$

ポイント

- 男性が積極的なケースと女性が積極的なケースとでは、到達するマッチングが異なる場合がある。

14.3　好きな人には積極的にアタックするべきか

　一般的に、異性に対する人々の好みが多様であれば、男性が積極的なケースと

女性が積極的なケースとで達成されるマッチングは異なる傾向が高まります。実は、前節で明らかにしたマッチングは、いったん完成してしまうと崩すことができないという性質を持っていることが知られています。これを、**安定マッチング**と言います。したがって、ルール１やルール２のもとで完成したマッチングは結婚相手を示しているのです。ということは、男女のどちらが積極的かによって、その人の結婚相手も異なる可能性があることがわかります。

　では、結婚相手が異なる場合、どちらのケースでより好きな人と結婚できるのでしょうか。それは、その人の選好から判断することができます。この観点から、恋愛に対して積極的な戦略と受け身の戦略のどちらが望ましい戦略となるのかを、以下で考えてみましょう。

　結論を先に述べると、次のようになります。

> 積極的にプロポーズした側が、より好きな相手とマッチングできる。

　このことを図14-3の選好プロフィールと、得られた２種類のマッチングを用いて、具体的に確認してみましょう。そのためには、男性が積極的である場合の安定マッチング μ_3 と、女性が積極的である場合の安定マッチング μ_2 を比較して、男性と女性の選好関係を見比べる必要があります。

　まず、男性の立場から考えてみましょう（**図14-8**）。m_1 君が積極的な場合には、m_1 君のパートナーは $\mu_3(m_1) = w_2$ さんになります。これに対して、m_1 君が受け身である場合には、パートナーは $\mu_2(m_1) = w_1$ さんになります。このとき、図14-3での m_1 君の選好は

$$P(m_1) = w_2, w_1, w_3,$$

でした。ここで、「AがBより好きである」ことを、不等号を用いて A＞B で表すことにしましょう。すると、このケースでは $\mu_3(m_1) > \mu_2(m_1)$ が成り立ちます。したがって、m_1 君が本命の女性とマッチングできるのは、m_1 君が積極的なケースであることがわかります。

　次に、m_3 君の場合を見てみましょう。m_3 君が積極的な場合には、m_3 君のパートナーは $\mu_3(m_3) = w_1$ さんになります。これに対して、m_3 君が受け身である

図14-8　男性が積極的な場合とそうでない場合のマッチングの選好関係

男性がアタック		男性が受け身
$\mu_3(m_1) = w_2$	$>$	$\mu_2(m_1) = w_1$
$\mu_3(m_2) = w_3$	$=$	$\mu_2(m_2) = w_3$
$\mu_3(m_3) = w_1$	$>$	$\mu_2(m_3) = w_2$

図14-9　女性が積極的な場合とそうでない場合のマッチングの選好関係

女性がアタック		女性が受け身
$\mu_2(w_1) = m_1$	$>$	$\mu_3(w_1) = m_3$
$\mu_2(w_2) = m_3$	$>$	$\mu_3(w_2) = m_1$
$\mu_2(w_3) = m_2$	$=$	$\mu_3(w_3) = m_2$

場合には、パートナーは $\mu_2(m_3) = w_2$ さんになります。また、m_3 君の選好は

$$P(m_3) = w_1, w_2, w_3,$$

でしたので、$\mu_3(m_3) > \mu_2(m_3)$ が成り立ちます。よって、m_3 君が本命の女性とマッチングできるのは、m_3 君が積極的なケースであることがわかります。

　最後に m_2 君については、μ_2 と μ_3 のいずれのケースでも相手は同じになりますので、この場合は無差別になります。つまり、$\mu_3(m_2) = \mu_2(m_2)$ が成り立ちます。

　以上のことから、男性が積極的な場合には、消極的な場合と比較して、すべての男性の状況が「良くなっている」か「変わらない」かのどちらかであることがわかります。積極的になることで悪くなった人はいないのです。

　では次に、女性の場合はどうでしょうか。こちらも、前節の図14-3で確認することができます。ただし今度は、μ_2 が「女性が積極的な場合のマッチング」であり、μ_3 が「女性が受け身の場合のマッチング」となります。両者を比較して、女性の選好関係を明らかにしてみましょう（**図14-9**）。

　まず w_1 さんから検討します。w_1 さんが積極的な場合、w_1 さんのパートナーは $\mu_2(w_1) = m_1$ 君です。これに対して、w_1 さんが受け身である場合には、彼女のパートナーは $\mu_3(w_1) = m_3$ 君になります。図14-3での w_1 さんの選好をみると

$$P(w_1) = m_1, m_3, m_2,$$

でしたので、$\mu_2(w_1) > \mu_3(w_1)$ が成り立ちます。つまり、w_1 さんが意中の男性とカップルになれるのは、w_1 さんが積極的な場合であることがわかります。

次に、w_2 さんの場合を見てみましょう。w_2 さんが積極的な場合には、w_2 さんのパートナーは $\mu_2(w_2) = m_3$ 君になります。これに対して、w_2 さんが受け身である場合には、彼女のパートナーは $\mu_3(w_2) = m_1$ 君です。また、w_2 さんの選好は

$$P(w_2) = m_3, m_1, m_2,$$

でしたので、$\mu_2(w_2) > \mu_3(w_2)$ が成り立ちます。よって、w_2 さんも積極的にアタックした方が良いことになります。

最後に w_3 さんについては、μ_2 と μ_3 のいずれのケースでも相手は同じですので、この場合は無差別になります。つまり、$\mu_2(w_3) = \mu_3(w_3)$ が成り立ちます。

以上のことから、積極的に行動することで、より好きな相手とカップルになれることがわかりました。正確には、男性であろうが女性であろうが積極的になることで悪い結果に陥る人はいない、ということです。

ポイント

●積極的にアタックした側が、より好きな異性とマッチングできる。

本章では、「積極的に行動することで、より良い状況に到達できる」ということを学びました。この話は、恋愛に限らず、さまざまな場面でも当てはまりそうです。読者の皆さんで具体例を考えてみてください。

コラム　就活市場の「逆求人」をマッチング理論で考える

従来の大学生の就職活動の市場（以下、就活市場）では、学生側が意中の企業にエントリーシートを提出し、企業は集まった学生の中から採用選考を進めるというものでした。ところが近年、この就活市場が大きく様変わりし

ています。特に、インターネットを利用した「**逆求人マッチング**」が注目を集めています。

　逆求人マッチングでは、学生はそのサイトに自己PRを書き、サイト内で公開します。すると、そのサイトに登録している企業の人事担当者が閲覧し、企業が欲しいと思う人材がいれば、企業側から学生をスカウトするシステムです。かつての就職氷河期には100社以上にエントリーシートを送るのは当たり前だといわれていましたが、そのような就活の苦労をせずに済むどころか、大手企業からのスカウトで就職が決まるかもしれないのです。

　このように、逆求人マッチングは学生にとって多くのメリットがあるように思えるのですが、実はマッチング理論を通してみると、まったく正反対なことが見えてきます。逆求人マッチングとは、学生が就活に対して「受け身」の姿勢をとり、企業が「積極的にアタック」する仕組みなのです。すると、本章で学習したように、このシステムは「すべての企業にとってメリットをもたらす仕組み」になっていることがわかります。

　では、就活では逆求人は使わないほうがよいのでしょうか。私は使える手段は大いに使うべきだと考えています。なぜならば、就活市場と恋愛市場は全く同じ構造ではないからです。そこで、就活生にとっての最適戦略は次のようになります。まず、意中の企業には積極的にエントリーします。同時に、逆求人も利用するのです。

　最後に問題です。就活市場と恋愛市場で異なる点は何でしょうか。

【読書案内】

大住圭介・坂上智哉・伊ヶ崎大理（2010）『エッセンシャル経済数学』中央経済社
　この本の第13章から15章にかけて、マッチング理論が詳しく解説してあります。特に第15章では、男女のマッチング理論の応用として、晩婚化問題が取り上げられています。「本当に好きな人」とでないと結婚しないという人が増えた場合、安定マッチングに到達するまでに長い期間を要することが示されています。

以下、本文

15.1 行動経済学とその発展

 従来の経済学は、消費者や企業の合理的行動が重要な前提となっていることがたびたび見られました。しかし、現実の経済活動では、合理的行動だけでは説明できない様々な現象が生じています。美味しくない外食を選んでしまったり、当たりづらい宝くじに大金を費やしてしまったり、などです。これらの経済活動がどのような理由で行われるのか説明するため、近年では行動経済学という分野が注目されています。**行動経済学**とは、人間の心理や行動を観察し、その特徴を明らかにして、従来の経済学の再構築を目指す新しい経済学です。本章では、行動経済学とは何か、いくつかの視点からみていきたいと思います。

■行動経済学の発展

 従来の経済学、特にミクロ経済学は、消費者や企業が合理的行動をすることが前提となっていました。具体的には、消費者は自分にとって最も良くなるように市場で財・サービスを購入し、それを消費します。また、企業は自分が最も儲かるように財・サービスの生産活動を行い、それを市場で売却することで収益を得ます。このとき、各消費者や各生産者は、直観で行動するわけではなく、あらゆる情報を正確に集め、それをもとに、自分にとって最も得する選択を行うため、慎重にそれぞれの選択における自分の「儲け」を正確かつ高速に計算することが暗に想定されておりました。この結果として、各消費者や各生産者は瞬時に自分にとって最も望ましい行動を選択することができました。

 しかし、この想定は当然ながら全ての実際の経済活動にはそのままあてはまらないでしょう。例えば、我々が時間の無い昼食で食べるものを選ぶときは全ての

メニューを厳密に調べて計算するわけではなく、ある程度は直観で選ぶでしょうし、洋服を買うときも全てのブランドの全ての製品を1つ1つ調べて買うわけではないでしょう。また、将来のことを考えると本来はお金を残しておいた方が良いにもかかわらず、無計画に街の中の店を散策しているときに、目の前で良いと思ったものを見かけたら衝動買いしてしまうこともあるでしょう。このような活動からも見られるように、現実の経済活動と経済学で想定された合理的行動には小さくない乖離がある場合もいくつか見られます。

　そこで、経済学者の中に、このような乖離を説明するために、従来と異なる様々な仮説を立ててきたものがいました。特によく知られるのはノーベル経済学賞を2010年に受賞しプロスペクト理論を提唱したことで知られる行動経済学者のカーネマンです。行動経済学としてはこのプロスペクト理論がよく知られていますが、それ以外にも人々の様々な行動を説明したものとして発見的手法（ヒューリスティクス）が知られています。そして、行動経済学の成果は様々な分野にも応用されております。以下ではこれらについてみていきたいと思います。

ポイント

> 行動経済学とは
> ● 必ずしも合理性を仮定せずに現実の経済現象を説明する
> ● ノーベル経済学賞も受賞した近年発展している経済学
> ● プロスペクト理論や発見的手法など様々なものがある

15.2　プロスペクト理論

　宝くじのように当たりと外れがあって、それによって得られる資産が変わるような不確実性がある場合を考えます。ここで、複数の種類のくじを比較するとき、どのようにくじを比較すればいいでしょうか？　1つの方法としては、くじが当たった場合や外れた場合のそれぞれの場合における収入をもとに効用を計算し、その効用の期待値を計算するという期待効用仮説があり、経済学でも用いられています。ただ、実際にくじを使った経済実験の例では、この仮説では説明しきれないアレのパラドックスなどの経済実験の結果が知られており、その解決のため

に開発された理論が**プロスペクト理論**になります[1]。プロスペクト理論は、当たり外れのあるくじや天候の変化などの不確実性がある状態について、期待効用仮説のように状態の満足度（効用）の期待値で考えるのではなく、状態の変化の満足度をベースとしてその期待値を元に意思決定を行うという考え方です。以下ではこの考え方について具体的にみていきます。

　これから説明するプロスペクト理論では、その人がもともと持つ資産額に注目し、さらに人々は確率をそのまま用いない可能性を考えます。そのために後述する価値関数と確率ウエイト関数を用います。これによって損失回避性や確実性効果という期待効用仮説では見られなかった現象が発生します。以下ではこれらについてそれぞれ紹介していきたいと思います。

■損失回避性と価値関数

　プロスペクト理論において満足度を計算する**価値関数**とは、単に資産額から計算される満足度をみるのではなく、もともと保有している資産額から現在の保有資産額がどれだけ大きく変化するかで満足度をみます。つまり、最終的な資産保有額でなく、資産の変化額の大きさに注目するのがプロスペクト理論の特徴です。

　このとき重要なのが、その変化の大きさを計算する上で不可欠となる変化前の状態を表す**参照点**です。例えば、もともと50万円の資産を持っているときに、その資産を使って確率60%で100万円がもらえ、確率40%で20万円をもらえるくじを50万円で購入する場合を考えましょう。このとき、参照点は50万円となり、100万円もらえるときは50万円の得となり、20万円しかもらえないときは30万円の損となります。このとき、満足度の期待値は、各状態における発生確率と資産の変化額の満足度の積の合計で表されるので、

$$60\% \times f(100万円 - 50万円) + 40\% \times f(20万円 - 50万円)$$

となり、括弧内を計算すると

$$60\% \times f(50万円) + 40\% \times f(-30万円)$$

1）「プロスペクト（見通し・予想・期待）」は、期待効用仮説の「イクスペクト（期待）」と区別するためにそのままカタカナで用いられることが多く、ここでもプロスペクトをそのまま用います。

図15-1　価値関数の例

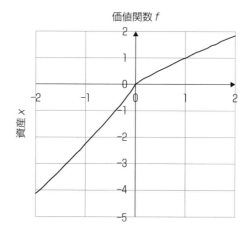

となります。ここで $f(x)$ はプロスペクト理論における満足度を表す価値関数であり、x は参照点との差で計算される資産額の変化の大きさです。このとき、価値関数の形状に特徴があるのがプロスペクト理論の特徴です。**図15-1** はカーネマンらが実際に推計した価値関数の例です[2]。このとき参照点であるゼロから見て左に移動して損失が拡大するときに失われる価値は、右に移動して増加する価値の大きさと比べて2.25倍となります。具体的に言えば、もともと50万円持っている状態から考えて、追加で1円もらえるときだと満足度は1増加しますが、1円失う時では、満足度は2.25減少となり、同じ1円の変化でも失う時の方が2.25倍も満足度の変化が大きい、つまり参照点を基準として1円もらえるときの満足度より1円失うときの苦痛の方がはるかに大きいということがわかります。

　つまり、資産額が参照点から離れてマイナスに大きくなるほど急激に価値が減る一方で、参照点から離れて資産額がプラスに大きくなる場合、価値の伸びはそれほど大きくはないということになります。これは、元の状況からの損失のマイナスによる価値の減少を大きく見積もりますが、逆に元の状況から利得が大きくなっても価値の増加はそれほど大きくないことを意味します。この結果、消費者はより資産のマイナスを避けるように行動する傾向がみられます。これが、同じ

2）参照点が0で $x < 0$ のとき $f(x) = -2.25(-x)^{0.88}$ となり、$x \geq 0$ のとき $f(x) = x^{0.88}$ となります。

変化幅のとき利益から得られる満足度の増加より同額の損失から得られる苦痛の方が大きいという**損失回避性**とも呼ばれるプロスペクト理論の大きな特徴です。

　この損失回避性とは、例えば株式投資のように配当や株価上昇で得することもある一方で株価が下がったら損が発生してしまうようなリスクのある投資を避け、代わりとして、銀行の定期預金のように利益は少ないものの元本保証により損失がほぼ発生しない貯金の方を選択するという行動にも繋がるでしょう。また、職業選択でいえば、景気に左右される民間企業への就職より、公務員のように比較的収入や雇用の安定した職業の方をより好むという考え方にも繋がります。

■確実性効果と価値ウエイト関数

　次に、プロスペクト理論のもう一つの柱である**確率ウエイト関数**を考えます。

　確率ウエイト関数は、確率の代わりとして価値関数の期待値を計算するために用いられる関数で、確率 p について増加する関数 $w(p)$ として表されます。この確率ウエイト関数は、その人自身が考える主観的確率と考えることが出来ます。例えば、宝くじで1等が当たる確率が1％のときは $p=1\%$ ですが、$w(1\%)=2\%$ だとすると、その人が宝くじで1等が当たる確率は2％だと思っていることになります。また、確率 p が0より大きいとき $w(p)+w(1-p)<1$ と p と $1-p$ での確率ウエイト関数を合計すると1より小さくなるという劣確実性を持つとされます。

　プロスペクト理論を提唱した経済学者カーネマン達が経済実験の結果から推計した確率ウエイト関数 $w(p)$ の具体的な例は**図15-2**のように表されます[3]。w は p が0に近く小さい値のときは p より大きな値をとりますが、p が0.4ぐらいになると $w(p)=p$ となり w は p と同じ値をとります。そして、p が0.4を超えると w は p よりも小さな値をとり、p が1になると w も1となる特徴をもちます。この意味としては、「宝くじで1等賞が当たる」「大地震が発生する」「恐ろしい疫病が世界的に蔓延する」等のように確率が非常に小さいイベントに対しては確率より高いウエイトをつける一方で、そういった低確率イベントが発生しない通

3）具体的には、確率ウエイト関数は、以下の式

$$w(p)=\frac{p^{0.65}}{\left\{p^{0.65}+(1-p)^{0.65}\right\}^{\frac{1}{0.65}}}$$

で表されます。

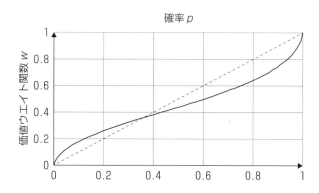

図15-2　価値ウエイト関数の例

確率 p

価値ウエイト関数 w

常の場合に対しては元の高い確率より低いウエイトをつけることになります。

　では、このようになる理由は何でしょうか？それは、確率 p は真の確率であり、データなどから推計されるものですが、確率ウエイト関数 $w(p)$ は消費者自身がもつ主観的確率であり、2つは異なるものであるからです。例えば「大地震の発生確率が非常に低い」と過去の地震観測データなどから予想されていたとしても、消費者は「実際はそれより大地震の発生確率は高いのではないか」と考え、過剰な耐震対策をしてしまう可能性があります。もちろん、地震の場合は客観的確率自体が実は過小評価である場合もあるので、十分に備えること自体は必ずしも間違いではないでしょうが、合理的とはいえないでしょう。

　また、「宝くじで1等賞が当たる」確率は非常に低いですが、消費者は「その確率よりはもっと当たりやすい」と思い込んでしまい、それをもとに過剰に宝くじを購入する場合もありえます。これは、**確実性効果**という、確率でいうと0％のように「確実に起きないとき」や100％のように「確実に起きるとき」を他の状態より重視するという考え方にもつながります。これらの事例からわかるように、従来の確率に基づいた期待効用仮説だけでは必ずしも説明できない意思決定について、プロスペクト理論に基づいて説明できる可能性が生まれるのです。

　プロスペクト理論は、現実の観察や実験結果などに基づいて従来の期待効用仮説を修正して構築された理論で、仮定から組み立てられた理論によって現実の経済活動の説明を試みる既存の理論経済学とはその点で大きく異なります。そのため、行動経済学の意義を示す例として、紹介されることが多くみられます。もち

ろん、従来の効用に基づいたミクロ経済学の全ての理論をくつがえすほど一般性のあるものではないですが、少なくとも一部の経済行動についてはプロスペクト理論を用いた方がより自然に説明できる可能性があるでしょう。

ポイント

> プロスペクト理論とは
> - 不確実性のある資産を比較するときに用いる１つの考え方
> - 参照点をもとに価値関数で資産変化を見ており、損失の影響がより大きい
> - 確率を確率ウエイト関数で見直すため確実性をより重視するようになる

15.3　発見的手法（ヒューリスティクス）

　ミクロ経済学では、各個人は全ての情報を元に全ての財サービスから自分にとって最も効用が高くなる消費の組を決定する完全合理性を仮定しています。しかし、現実においては、全てそのように行動することは難しいでしょう。身近な例だと、昼ご飯を探しにコンビニに行った場合でも、お弁当、パン、ラーメンなど多くの商品がありますし、昼休みという限られた時間で、それぞれを全て比較して自分にとって最も良いものを時間かけて選ぶということは行わないでしょう。

　このような問題は、情報や選択肢の負荷が大きすぎることが原因であるとされます。膨大な情報に圧倒されるのが情報の過負荷であり、膨大な選択肢に圧倒されるのが選択肢の過負荷ですが、いずれにせよ過負荷により迅速な判断が難しくなってしまいます。本来、ミクロ経済学では、選択肢が多いほどより自分の好みに合ったものを選びやすくなるので良くなるはずですが、現実的には、選択肢を増やしすぎると逆に好ましい結果にならない恐れがあるということです。

　ある実験では、ある店のジャム売り場で24品目の割引セールと５品目の割引セールを比較した場合、24品目の方がより滞在時間は長かったものの購入点数が少なかったといいます。また、別の実験では、学生を２つのグループに分けて、第１グループには30のテーマ候補、第２グループには６のテーマ候補を与えてエッセイを書かせたところ、第２グループの方が、質が高く分量も多いエッセイを執筆したといいます。これらは、選択肢が多いときに１つの選択をすることに負担

があることを示唆しています。それでは、この問題を人はどのように解決しているのでしょうか。全ての選択肢を吟味して1つを選択する代わりとして、人々は様々な方法で自分にとって良い選択を短時間で行おうとします。そこで重要となるのが、心理学で良く知られている「認知」（人間などが外界にある対象を知覚した上で、それが何であるかを判断したり解釈したりする過程のこと）という考え方です。行動経済学では、情報の過負荷や選択肢の過負荷を避けるための認知的近道・発見的な問題解決方法である**発見的手法**（ヒューリスティクス）です。以下ではこの発見的手法のいくつかの例をみていきます。

■再認と模倣

発見的手法（ヒューリスティクス）には様々な種類があります。まず、**再認**というものがありますが、これは、過去に行った場所、使用したもの、あるいは知ったもので問題が無かった財・サービスを再び選ぶという方法です。財の購入の例だと、過去に昼ご飯で食べたパンがおいしいと覚えている場合、次も同じパンを購入するという行動です。また、サービスの場合だと、一度行ってみて良かった温泉旅館に再び行くというのもこれにあたります。もちろん、一度食べたパンが不味ければそれを再び選ぶことはなくなるので、そういった点で危険は避けられますが、自分にとって最も良い選択かどうかはわかりません。ただ、特に昼ご飯の選択のように限られた時間で行う場合は、再認は有効に働くでしょう。

次に、人気のある財サービスを選ぶという**模倣**という方法があります。例えば、昼ご飯を買うとき、同じおにぎりでも売れて品薄のものと、在庫が有り余っているものがある場合、売れている方を選択するという考え方です。通信販売だとランキング上位の商品を選ぶというのもこれにあたるでしょう。これも、再認と同様に選択する時間を減少させることが可能ですが、必ずしも売れている財サービスの質が高いかはわからず、自分にとって良いものかどうかもわからないという点では危険性があります。

なお、ノーベル経済学賞を受賞したカーネマンは、これらの発見的手法（ヒューリスティクス）など直観的に行動することを「速い思考」とし、従来のミクロ経済学のように深く考えて合理的に考えて行動する「遅い思考」と区別しています。つまり、実際の人間の行動ではこれらが使い分けられているということです。

■代表性

　代表性とは、ある不確実性のある事象を予測する際に、その事象が属している分類（カテゴリー）の典型的な代表例になっているかで判断するという方法です。これも、場合によっては間違った判断をもたらしてしまう場合もあります。

　例としては、少数の法則というものがあります。これは、抽出されたサンプルそのものが全体（母集団）の性質であると勘違いしてしまうために、誤った判断をするというものです。例えば、サイコロを5回振ったとき、5回連続で偶数（2, 4, 6）が出たとすると、次に奇数（1, 3, 5）が出る確率は2分の1ではなく、それより高いと考えてしまうのが少数の法則です。もちろん、これはサイコロの目が等確率で出る場合であれば誤りであり、奇数が出る確率は2分の1のままです。どうしてこういう誤りをするかというと、「確率が2分の1なら6回振ると3回ぐらいは奇数が出るはずだけど、まだ出ていないので次は出るはず」と考えてしまうからです。こういう考え方はギャンブルでの失敗でもよく見られるためギャンブラーの誤りともいわれます。

　統計学では、試行回数を増やせば「サイコロを振って偶数がでる割合」などといった頻度が確率に収束するという大数の法則という考え方がありますが、これは実験でも数千回以上やってようやく元の確率に収束傾向が見えてくるようなものであり、数回程度では連続で奇数が出るようなことは実際に実験してみるとよくあることです。似たような例としては、自分で番号を選べる宝くじなどもそれにあたります。例えば、過去の宝くじで多く当選した番号を避けて番号を選ぶ人の方が多いというデータもありますが、それはサイコロの例と同じように間違いであり、抽選に偏りがなければどの番号を選んでも確率に変わりはないはずです。

■係留効果（アンカリング）

　係留効果（アンカリング）とは、特定の参照点を判断のアンカー（錨）とし、この参照点に合わせて選択を調整していくときに生じる効果のことです。このとき、参照点に決定がひっぱられてしまうことにより誤りが生じるものです。例えばサイコロを1回振って、まず「国連に加盟するアフリカの国の数は、サイコロの目の10倍より大きいかどうか」を質問します。次に、「アフリカのうち、国連に加盟する国の割合を答えよ」という質問をすると、最初の質問で出た目が大きいほど次の質問で答える国の割合の値が大きくなる、というものです。これは、

サイコロの目を基準として行動してしまうために生じる過ちです。別の例としては、小学生を２つのグループに分けて、グループ１には「８×７×６×５×４×３×２×１」、グループ２には「１×２×３×４×５×６×７×８」の答えを予測させたところ、計算結果は同じはずなのに、予測値ではグループ１の方が大きくなったというものもあります。これは、グループ１はアンカーを８とおき、グループ２はアンカーを１とおいたために発生したと考えられます。このアンカリングは変化を受け入れず現状を望む現状維持バイアスとも密接に関連します。

■額縁効果（フレーミング）

　額縁効果（フレーミング）はよく見かけることを過大に評価することです。例えば、日本における１年間の殺人事件の件数と、日本における不慮の窒息事故死の件数を答えさせるとすると、どうなるでしょうか。おそらく、そこまで大きな差は出ないでしょう。ただ、実際のデータをみると、殺人事件は年間400人程度ですが、窒息事故死は平成28年で8,493人もいます。これは、殺人事件がよくテレビで報道される一方で、窒息事故死は餅など一部のものを除き滅多に報道されることはないためです。

ポイント

> 発見的手法（ヒューリスティクス）とは
> - 深く合理的に考えて行動するのを避ける発見的な問題解決方法
> - 同じ消費を繰り返す再認や他人の模倣など自分の経験を行動に繋げる
> - 代表性、係留効果、額縁効果などがあり、誤った結果をもたらしうる

15.4 埋没費用効果

　埋没費用（サンクコスト）とは、投資などの行動や決定に伴い発生する回収できない費用のことです。この場合の費用とは、金銭的な費用に加えて、費やした時間や努力なども含まれます。例えば、試験に合格するために毎日１時間勉強するのも埋没費用と呼べるでしょう。**埋没費用効果**とは、このような埋没費用がかかったときに、この費用の存在が後の行動や決定に影響を及ぼすことです。

　埋没費用効果で良く知られた例が、埋没費用により失った損失を取り戻したいという考え方です。例えば10億円という多額の投資をして土地を購入して新店舗を作った後、経営がうまくいかずに毎年赤字を発生させたとしても、その後にその店舗を買値より安い価格で売却するのをためらい、その結果損失を拡大させてしまう場合です。経済学的には、将来も赤字が続く見込みがあるならば、安い価格でも店舗を売却して経営をやめることで将来の赤字を防いで得になるはずですが、初期の高額の埋没費用の存在により、「元を取り返したい」と思い、心理的に経営をやめるという選択肢を選ばないことで、さらに経営を悪化させてしまうのです。特に有名な例として、コンコルド効果があります。これは、世界一速い旅客機であるコンコルドの開発に高額を投資し続けた結果、止められなくなってしまい、コンコルド自体は完成したものの、乗客数が少なく航路が限られるなど様々な問題がおこり、高額の負債と赤字のために倒産してしまったという例です。

　埋没費用効果はこのように企業経営で頻繁に起こる問題ですが、それ以外にも様々な例があります。ギャンブルや株式投資では過去の負けを取り戻すまで止められない、受験や難関資格では過去に費やした予備校費用や時間を合格により取り戻すまでやめられない、恋愛や結婚では別れると過去の努力や時間が全て無駄になるので酷い状況になっても別れづらい、などです。共通点としては、いずれも早めに止めること、つまり「損切り」する方が得なことが多いのですが、埋没費用による損失を最終的に回避したいという心理のため、損切りができないという点です。特に、株式投資などのように、将来に不確実性がある場合、たとえ可能性が低くても、株価が暴騰して損失が全部なくなるという可能性を捨てきれず、損切りはより難しくなってしまうでしょう。

ポイント

> 埋没費用効果とは
> - 取り戻せない埋没費用の存在が後の行動や決定に影響を及ぼすこと
> - 失った損失を取り戻すまで行動を止められなくなり損失の拡大に繋がる
> - 合理的には埋没費用を無視して損切りすべきだが、心理的に難しい

15.5 行動経済学の応用

　行動経済学は、従来の経済学とは別の視点から人々の行動を説明できるため、いくつかの分野で応用されています。例えば、マーケティングでは、模倣を促すような広告を出すなどです。金融では、株式などの投資家行動を説明する一つの方法として行動経済学が考えられており、資産価格の動きの説明について多くの仮説も考えられています。また、医療経済学でも、医師や患者らの複雑な行動に対して、行動経済学の視点での解決が試みられています。

　行動経済学の応用としてよく知られる方法としては、**初期設定**（デフォルト）を変更するという方法です。重大でない問題に対して、人々は初期に決まっていることを変更せずそのまま受け入れる惰性の傾向がみられます。初期設定の変更とは、これを利用して人々を誘導するという単純な方法です。例えば、給料を支払う際「給料の一部を自動的に貯蓄する」としておくと、人々に貯蓄を促し、それを元にして社会的に投資を増やすことができます。また、医師にジェネリック医薬品（既存医薬品と同じ有効成分だが安価な医薬品）への切り替えを促す際、「既存医薬品を使う」という初期設定を「ジェネリック医薬品を使う」に変更することで、より安価な薬の利用を促し、社会保険料の削減にもつながります。

　もちろん、社会のためだけでなく、個人や企業が儲けるために利用することも可能ですし、行動経済学の悪用もありうるため、このような初期設定の変更が必ずしも社会全体にとってプラスとなるとはいいきれませんが、少なくともうまく行動経済学を利用すること、行動経済学の知識を生かして騙されないようにすることで、社会的にプラスになる可能性は十分あるといえるでしょう。

ポイント

> 行動経済学の応用について
> - 金融から医療まで様々な分野で注目されている
> - 例えば初期設定の変更で人々を意図する行動に動かす
> - 悪用を避けることで社会的にも良い方向になりうる

15.6　行動経済学の限界と今後の可能性

　行動経済学は従来説明できなかった経済行動を説明するという点においては一定の評価はできます。ただ、あくまでそれは限られた状況にすぎません。従来の経済学で説明できなかったことを一部説明できる可能性はありますが、新たな経済学として今までの経済学に代わって全ての経済行動を説明できるものとは到底呼べないでしょう。ただ、例えば金融市場や医療現場やマーケティングなど、行動経済学の成果が多くの価値を生み出す一部の領域では注目されており、近年は様々な文献が国内外で出版されております。

　行動経済学は様々な仮説から構成されますが、それぞれの仮説が本当に現実の経済活動を説明できているかは当然ながら検証されるべきものです。この行動経済学の様々な仮説を検証するうえで用いられるのが**経済実験**です。経済実験は仮想的な実験により経済を再現する方法で、例としては無作為に複数の被験者を集め、実験として PC 上などで財の売買や投資などの仮想的なゲームを何度か行ってもらい、そのゲームで得られたポイントに比例した収入を与えることで、現実の人間の行動のデータを集めて分析するものがあります。経済実験はプログラミングやパソコンの普及と共に近年急速に用いられており、実験経済学という分野も出来つつあります。実際に、被験者に経済実験を行ってもらうことで、従来の経済学の合理的行動が正しいのか、それとも行動経済学など別の理論の方がより適切なのかを検証することもできるかもしれません。また、経済実験の際に脳波を測定して分析を行う神経経済学という分野もあります。

　ただ、これらの実験は、あくまで1つの状況を調べるだけのものなので、その結果を拡大解釈して全ての状況にあてはめるのは危険です。もちろん、従来の経済理論では見られなかった様々な行動が観察できる点は興味深く、その観察結果をもとに新たな行動経済学が生まれる可能性もあるでしょう。

ポイント

行動経済学の限界と今後の可能性について
- 行動経済学だけで経済学を何でも説明できるわけではない
- 経済実験は最近増えており、行動経済学のさらなる発展の可能性もある

コラム　行動経済学と経済実験

　経済実験はどうやって行うのでしょうか？　具体的には、被験者として人を集めて、大学の教室などを改造した実験室などで経済学に関連する実験を行います。このような形の実験は心理学でよく用いられてきましたが、いずれも大学生など少数の人数によって実施されることが多いという特徴があります。

　経済実験の目的は、主に2つあるといえます。1つは経済学の理論から得られた結果が本当に現実で成り立ち実際の政策として使えるのかを検証するという見方です。もう1つが、実験から得られた結果から行動経済学などの新しい理論を生み出すきっかけとするというアプローチです。

　例えば、ゲーム理論の章では囚人のジレンマにおいて全員が得をする状態が選ばれずに支配戦略によってより悪い結果が得られてしまいますが、このゲームを実験で何回か繰り返すとどうなるかというと、(1)はじめはお互い協力して裏切らず黙秘をする、(2)最後の1回ではお互い裏切り自白することで囚人のジレンマの支配戦略によるナッシュ均衡になります。この理由としては、長期的にみると最初から裏切り続けるより、最初の方は協力することでしばらく高い利得を得られるので黙秘を続け、次の回が無い最後だけ裏切るという考え方です。ここからわかることは、ゲームを繰り返す場合は、1回のみのゲームとは違う結果が出るということです。実際、ゲーム理論では「繰り返しゲーム」として別の研究がなされています。また、例えば二酸化炭素の排出量取引のように市場での経済政策を行う場合に、経済実験でその制度がうまく機能するか検証するという利用方法もあります。

　経済実験で特に重視する点は、実験で得られる報酬を実際に被験者が得られる収入に反映させることです。例えばゲームで10ポイントを得たら100円、5ポイントなら50円のように比例させることが求められます。つまり金銭のインセンティブを被験者に与えることで、経済実験がうまく機能するようにするのです。

【読書案内】

筒井義郎、佐々木俊一郎、山根承子、グレッグ・マルデワ（2017）『行動経済学入門』
　東洋経済新報社
　　この本は行動経済学について書かれた専門書の中では易しく、具体例も豊富でありわ
かりやすい内容です。興味のある分野について見ることで、行動経済学はどのような分
析対象があるか、よりわかるようになるでしょう。

数学付録

　物事を説明したり、それについて考えたり、考えたことを示すときに、文章だけではなく、記号や式、表、グラフを使うことがあります。その理由として、内容を簡潔に示すためとか、より正確に表すためなどが挙げられます。

　この章では、記号や関数、式、グラフについて学びます。

付-1　記号

■語句を記号で表す

　文字の代わりに記号を使うことは、日常生活の中でよく見かけます。例えば、スマートフォンの画面には、文字ではなく記号でいろいろな機能が示されています。他にも、「郵便番号123-4567」と書く代わりに「〒123-4567」と表記することがあります。

　経済学でも、文字の代わりに記号で表すことがあります。文中では文字を使って表現しますが、その内容を式で表すときに記号を使います。記号の使い方は規則として決まっているものではありませんから、テキストや論文を読むときには、記号が示す語句を本文で確認すると理解が進みます[1]。

　利用される記号は、多くの場合、語句を英語表記したときの最初の文字です。例えば、「需要」と書く代わりにその英単語である Demand の頭文字を使って D で示します。同様に、供給は Supply ですから S で表し、価格は Price ですから P や p で表します。

　1つの記号が1つの語句を表すように記述することが基本です。1編の論文や1つの章の中で、1つの記号が2つの語句を表すと読み手は混乱してしまいます。ですから、レポートを書く際、記号と語句が1対1対応となるように心がけてください。

　しかし、同じアルファベットで始まる異なる語句[2]が1つの章の中にある場合、

---

1) 多くの場合、記号が最初に使われるところで、その記号の表す語句が明らかにされています。

表 付-1　ギリシャ文字一覧

大文字	小文字	読み方	大文字	小文字	読み方	大文字	小文字	読み方
A	α	アルファ	I	ι	イオタ	P	ρ	ロー
B	β	ベータ	K	κ	カッパ	Σ	σ	シグマ
Γ	γ	ガンマ	Λ	λ	ラムダ	T	τ	タウ
Δ	δ	デルタ	M	μ	ミュー	Y	υ	ユプシロン
E	ε	イプシロン	N	ν	ニュー	Φ	φ、ϕ	ファイ
Z	ζ	ゼータ	Ξ	ξ	クシー	X	χ	カイ
H	η	イータ	O	o	オミクロン	Ψ	ψ	プサイ
Θ	θ	シータ	Π	π	パイ	Ω	ω	オメガ

どのようにして記号で表せばいいのでしょうか。

　英語表記では同じ頭文字になる2つの語句を異なる記号で表す1つの方法に、ギリシャ文字の使用があります。15章では、マッチング（Matching）と男（Man）という、頭文字が同じである異なる語句が出てきます。これらを表す記号として、マッチングにはμ、男には英語表記のmを使っています。μはギリシャ文字Mの小文字です（表 付-1）。

　他にも、英語以外の言語を使う方法があります。例として、費用と資本があります。英語では、費用がCostで、資本がCapitalです。共に頭文字がCです。この2つ（費用と資本）を区別するために、資本を意味するドイツ語Kapitalの頭文字Kを使い、費用をC、資本をKで表します。

■記号が示す事柄を細分化する：添字 X_i、Y_j、X'、括弧書き $P\,(m_1)$

　記号で示される事柄を、いくつかに分類して示したいときには、その記号の右下や右上に小さく文字や数字を加えたり（これを添字といいます）、記号の右に括弧書きしたりします。別の記号を使うと煩雑になるので、このような方法がよく用いられます。

　例えば、数量を記号Qで示し、この数量にはバナナの数量やリンゴの数量が含まれているとしましょう。このとき、数量Qの内訳である商品ごとの数量を記号で表すには、新たな記号を使うのではなく、Qの右下か右上に商品を表す

2）例えば、価格（Price）と選好（Preference）があります。本書では、2つの章でそれぞれが使われています。しかし、2つの章はテーマが異なり、同じ章の中では使われていません。

表 付-2　本書で使われる略号

略号	経済用語	英文表記
D	需要	Demand
E	均衡（点）	Equilibrium
$P,\ p$	価格	Price
	選好	Preference
$Q,\ q$	数量	Quantity
S	供給	Supply
μ	マッチング	Matching

文字を小さく添えて $Q_{バ}$、$Q_{リ}$ のようにします。右下に小さく書かれている文字が添字です。

　一般的に、財1の数量を Q_1、財2の数量を Q_2 と表します。より一般的には、財1や財2のように財の種類を数字で表す代わりに i 番目の財とし、財 i の数量を Q_i と表します。2つの財に注目する場合には、i 番目の財と j 番目の財として、Q_i や Q_j と表します。

　本書の第15章では、選好を表す P の右側に、括弧書きで選好の主体を示しています。男性が選好していることを $P(m)$ とし、男性1が選好していることを $P(m_1)$ で示しています。男性1ですから男性を示す記号 m に添字1を付けて、m_1 としています。

　表 付-2 に、本書で略号を使って示された経済用語について、略号と英文表記をまとめています。

■関数で表す：$f(x)$

　関数とは、複数の事柄の間の関係のことです。

　2つの事柄を、XとYとしましょう。Xに属している要素とYに属している要素を対応させる関係のことを関数といいます。Xに対してYが決まるとき、「YはXの関数である」といいます。そして、Xの要素を x、Yの要素を y で表す場合、

$$y = f(x)$$

と表します。x に対して y がどのように決まるのかが明らかでない場合でも、両者の間に何らかの関係があれば、その関係を「f」として、$y = f(x)$ と表すことができます。

事柄が 3 つ（X, Y, Z）あり、X と Y で Z が決まる場合には、

$$z = g(x, y)$$

と表します。

関数を表す記号としては、f や g、h がよく使われます。経済学でも需要や供給を関数で表現します。その際、関数を表す記号には f や g、h ではなく、需要を表す関数には D を、供給を表す関数には S を使います。

具体的な例は次のとおりです。弁当の販売個数（D）は弁当の価格（P_B）やその日の天気（W）、他の商品の価格（P_j）によって決まるとしましょう[3]。このとき、販売個数と価格、天気の関係は、関数を使って

$$D = D(P_B, P_j, W)$$

と表すことができます。そこで、販売個数を決める要因も併せて表示したいときには、記号の D ではなく、関数の $D(P_B)$ や $D(P_B, P_j, W)$ を使います。もし、販売個数を $D(P_B)$ と表した場合、天気や他の商品の価格は変化しないと仮定し、弁当の価格によってのみ決まる販売個数を意味します。

ポイント

- 語句を表す記号は、英文表記の頭文字が使われる。
- 添字は、記号が示す事柄が細分化されていることを示す。
- 関数は、事柄の関係を示す。

付-2　式・関数とそのグラフ

この節では、入門レベルの経済学でよく使われる 1 次式と 1 次関数、関数のグ

---

3) W は Weather の頭文字です。添字は、B が「弁当」、j が「その他の商品」を示します。

ラフについて学びます。

■一次関数

　関数 $f(x)$ の具体的な形は式で表されます。x の 1 次式で表される関数を 1 次関数といい、次のように表記します。

$$f(x) = ax + b$$

また、$f(x)$ の値を y として

$$y = ax + b$$

と書くこともあります。ここでは、a と b は定数で、a はゼロではない $(a \neq 0)$ としています。また、b を定数項といいます。

　この式は、関数の値（y の値）が、x の値に依存する ax と x の値には無関係の値 b との和であることを示しています。この関係は電気料金にみることができます。電気料金（y）の内訳は、使用した電力量（x）にかかる料金 (ax) [4] と基本料金（b）の和となっています。

　x の係数 a は、x の変化量に対する y の変化量の割合を示します。次の式で表すことができます。

$$a = \frac{y \text{の変化量}}{x \text{の変化量}}$$

また、a は、x が 1 だけ増加したときの y の増加量ともいえます。このことにより、生産量が x のときの費用を y とし、x と y が 1 次関数 $y = ax + b$ で表される場合、生産量を 1 だけ増やしたときに増える費用は a であることがわかります。経済学では、1 つ増やすことを「限界」といいますので、a は生産量（x）を 1 だけ増やしたときの限界費用を表すと解釈できます。

■1 次関数のグラフ

　式だけで表すよりも、グラフも使って表すと、より分かりやすくなります。
　1 次関数のグラフは直線で表されます。直線のグラフを読むときに大事なこと

4）ここでの係数 a は使用電力量 1 単位あたりの価格です。単価ともいわれます。

図 付-1 1次関数のグラフ

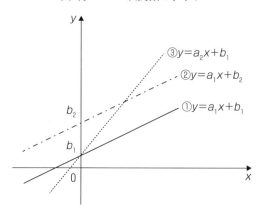

は、直線の傾きと切片です。

　直線の傾きは x の係数（a）が示していて、x の係数が正（$a > 0$）なら、グラフは右上がりの直線で、その値が大きいほど直線の傾きは急になります。x の係数が負（$a < 0$）なら直線は右下がりに描かれ、その値が小さいほど直線の傾きは急になります。

　切片とは直線と縦軸または横軸との交点のことで、縦軸（y 軸）との交点を y 切片といいます。$x = 0$ のときの y の値です。

　図 付-1 には、1次関数のグラフとして次の3つの直線が描かれています。

　　・直線①（実線）　　…1次関数 $y = a_1 x + b_1$ のグラフ
　　・直線②（一点鎖線）…1次関数 $y = a_1 x + b_2$ のグラフ
　　・直線③（点線）　　…1次関数 $y = a_2 x + b_1$ のグラフ

　直線①と直線②をそれぞれの式から比べてみましょう。式の x の係数が同じ（a_1）ですから傾きが等しい直線です。定数項が異なるので、y 切片が異なります。よって、直線①と直線②は平行な直線といえます。また、直線②は直線①を上方に $b_2 - b_1$ だけ移動した直線ともいえます。

　直線①と直線③についてはどうでしょうか。式の定数項が等しいので、y 切片は同じです。x の係数が異なるので、傾きは異なります。

　先に紹介した電気料金の例に当てはめてみます。y を電気料金、x を使用電力量、a_1 を当初の単価、b_1 を当初の基本料金とします。直線①がこれを表します。

このとき、基本料金だけが b_1 から b_2 に値上げされた場合の新料金は直線②で、単価だけが a_1 から a_2 に値上げされた場合の新料金は直線③で表されます。

　最後に、連立方程式を解いたり、微分や積分の計算、関数のグラフを描いてくれるサイトを2つ紹介します。どちらも無料で使えますので、利用してください。

①Wolfram Alpha（https://ja.wolframalpha.com/）

　数学だけではなく、科学と技術、社会と文化、日常生活に関する質問に対応しています。数学だけが日本語に翻訳されています。方程式の入力やグラフを描くときの x の範囲指定など、ユーザーフレンドリーに作られています。

②GeoGebra（https://www.geogebra.org/）

　数学に特化したサイトです。数学に関する機能については①とほぼ同じです。綺麗なグラフが描けます。GeoGebra日本のサイトには日本語の使い方説明が載っています。

（https://sites.google.com/site/geogebrajp/introduction）

ポイント

- 1次関数は、x の1次式で表される関数。　例）$y = ax + b$
- 1次関数のグラフは、直線で描かれる。
- 直線と y 軸との交点を y 切片という。
- x の係数は直線の傾きを表す。

付-3　表のグラフ

　グラフを使うメリットは、数値の大きさや変化を視覚的に表現できることです。文中に書かれた数値を表にすると一覧できる、というメリットがあります。しかし、値の大きさを比較したり変化の度合いをとらえるためには、別途計算する必要があります。一方、グラフは、数値の大きさや変化を、棒の長さや線の角度などの形で表します。数値が"ほぼ同じ"とか"増え方が前より大きい"など、全体像や傾向を示すには、グラフの方が有効です。

　この節では、棒グラフと折れ線グラフ、円グラフ、関数のグラフについて、基本的な事項を説明します。棒グラフと折れ線グラフ、円グラフは表 付-3をグラ

表 付-3　X社　店別月別売上高

	A店	B店	C店	3店合計
1月	110 [(1)]	100 [(2)]	170 [(3)]	380 [(10)]
2月	80 [(4)]	70 [(5)]	120 [(6)]	270 [(11)]
3月	140 [(7)]	110 [(8)]	160 [(9)]	410 [(12)]
3ヶ月計	330 [(13)]	280 [(14)]	450 [(15)]	1,060

フにすることを例にして説明します。

表 付-3は、3店舗（A店、B店、C店）を持つ会社の、1月から3月までの売上高（単位：万円）を示しています。なお、セルを特定するために、数値の右上に番号をつけています。

この表には2種類のデータが記されています。1つは時系列データで、もう1つは横断面データです。

時系列データとは、時間の経過に沿った1つの項目についての数値です。この表では、縦に並んだ[5]数値がそれを表しています。例えば、「(1)、(4)、(7)」が店ごとの1月から3月までの売上高で、これを時系列データといいます。X社合計の列も同じく時系列データです。

横断面データとは、ある時点または期間での、複数項目の数値のことです。この表では、横に並んだ数値がそれを表しています。例えば、「(1)、(2)、(3)」が1月のA店、B店、C店の売上高で、これを横断面データといいます。

■棒グラフ

棒グラフは数値の大きさを棒の長さで表すグラフで、別名をバーチャートといいます。横断面データの表示に適したグラフです。時系列データにも使えます。

表から読み取ることごとにグラフを示します。

①「1月の店別売上高を比較する」

このときに使うデータは「(1)、(2)、(3)」[6]で、図 付-2のグラフが描けます。

5）表の縦の並びを列、横の並びを行といいます。

図 付-2　標準的な棒グラフ

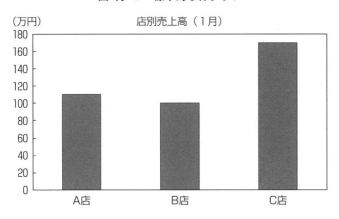

図 付-3　立体の棒グラフ

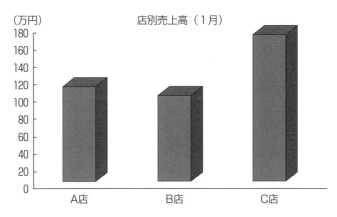

3店の売上高を棒の高さで表しています。

　図 付-3は棒を立体にしたグラフです。グラフの目的である数値の比較という視点では、図 付-2のグラフが適しています[7]。ですから、レポートや卒論では

6）このデータは横断面データです。「(1)、(4)、(7)」のデータは時系列データで、これを使ったグラフは、「A店の売上高推移」を表します。

7）主な理由は、①表をグラフにした部分を枠線で囲えること、②立体にすると数値の違いが比較しにくくなること、です。

図 付-4　集合棒グラフ

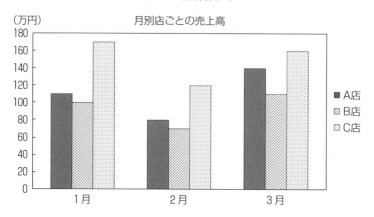

（万円）　　　　　　月別店ごとの売上高

図 付-2のようなグラフの使用を勧めます。

②「月ごとに3店の売上高を比較する」

　この比較は、1つの項目（この場合は「月」）に複数のデータ（この場合は「各店の売上高」）が対応しています。このようなときに使われるグラフが、集合棒グラフです。

　1月と2月、3月それぞれで、店ごとの売上高を比較するためのグラフが**図 付-4**です。図 付-2は1月の店別売上高でした。2月と3月について図 付-2と同じグラフを描いて、グラフを3つ並べるのではなく、3つのグラフを1つにまとめたグラフです。このグラフは、店ごとの売上高推移も示しています。

③「月ごとの3店合計売上高を表す」

　図 付-4は、表 付-3のセル（1）からセル（9）までの数値を使ったグラフでした。この9つのセル以外でまだ触れていない、月ごとの3店合計売上高（セル（10）～セル（12））についてです。この数値を棒グラフで表すときには、3店合計売上高だけをグラフ（**図 付-5**）にするよりも、その内訳（月ごとの3店の売上高）を示すグラフ（**図 付-6**）の方が、より多くの情報量を表すことができます。図 付-6のようなグラフを内訳棒グラフ、積み上げ棒グラフといいます。

　図 付-6では、各店の売上高推移も読み取れるように、区切り線を入れていま

図 付-5　棒グラフ

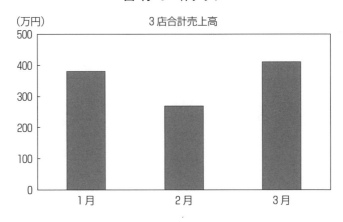

図 付-6　内訳（積み上げ）棒グラフ

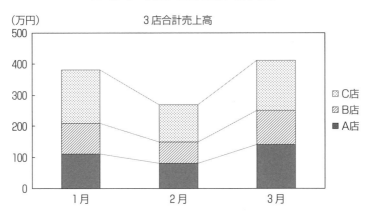

す。

④「店ごとの3ヶ月合計売上高を比較する」

　店ごとの3ヶ月合計売上高（セル（13）～セル（15））も、3ヶ月の合計値だけをグラフにするのではなく、より情報量の多い内訳を示したグラフがよく使われます（図 付-7）。

図 付-7　内訳（積み上げ）棒グラフ

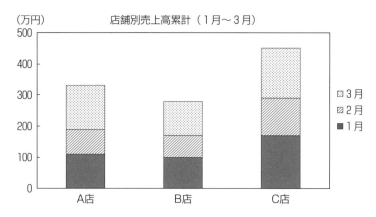

■**折れ線グラフ**

　折れ線グラフは、数値の大きさを軸から線までの高さで表します。縦軸で表される数量と縦軸で表される数量の間に何らかの関係がある場合[8]にその数量の変化や推移を表すときに適したグラフです。

　変化を見るときには、線の傾きに注目します。縦軸で表されている事柄は、線が右上がりであれば増加、線が右下がりであれば減少です。そして、傾きが大きいほど、増加や減少の度合いが大きいことがわかります[9]。もし、線が水平なら、横軸で表されている事柄が変化しても、縦軸で表されている事柄には変化がないことを意味します。

　図 付-4でも表すことができた店ごとの売上高推移を折れ線グラフで示します（図 付-8）。好みもあると思いますが、比べてみてください。

■**円グラフ**

　円グラフは、円全体を100％として項目ごとの割合（構成比）を扇形の中心角の大きさで表します。構成比の元となる値を示すときには、ドーナツ円グラフを使います。

8）時系列データもこの場合に該当します。他には、勉強時間とテストの点数、歩いた距離と消費されたカロリーなどです。

9）棒グラフの場合は、棒の高さの差がそれを表しました。

図 付-8　折れ線グラフ

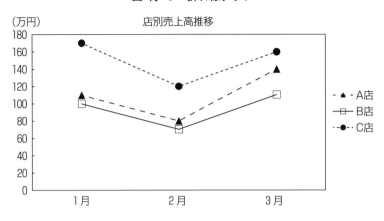

（万円）　　　　　　店別売上高推移

- ▲ - A店
- □ - B店
- ● - C店

図 付-9　円グラフ

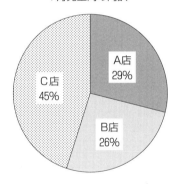

1月売上高の内訳

　図 付-9と図 付-10は、表 付-3のセル（1）、セル（2）、セル（3）の値を示したグラフです。図 付-10がドーナツ円グラフです。

　よく使われる3つのグラフ（棒グラフ、折れ線グラフ、円グラフ）の基礎的なことを説明しました。グラフを作成するツールには、表計算ソフトやグラフ作成ソフトがあります。使い方はソフトのマニュアルや解説書を参照してください。

図 付-10 ドーナツ円グラフ

1月売上高の内訳

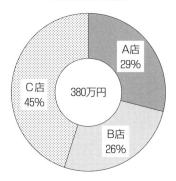

ポイント

○棒グラフ
- ●数の大きさを棒の高さ（長さ）で示す。
- ●横断面データも時系列データも扱える。

○折れ線グラフ
- ●数の大きさを軸から線までの高さで示す。
- ●関係のある2つの数量について、変化の様子を示す。

○円グラフ（ドーナツグラフ）
- ●構成比を示す。

【読書案内】

新井紀子（2007）『こんどこそ！わかる数学』岩波書店

　中学生や高校生を対象とした数学の入門書です。どのようにすれば数学的に考えることができるのかについて、生徒と先生の対話・問答形式で書かれています。

田中久稔（2018）『経済数学入門の入門』岩波書店

　経済学ではどのように数学が使われるのかについて、その概要を知ることができます。高校で使った数学の教科書を参照しながら読むと理解が深まります。

松本健太郎（2017）『グラフを作る前に読む本』技術評論社

棒グラフ、折れ線グラフ、円グラフ、レーダーチャート、ヒートマップ、散布図の最適な使い方と歴史を紹介しています。

索　引

索 引

執筆者一覧 （執筆順）

笹山　茂（ささやま・しげる）　　　　熊本学園大学経済学部教授
　編者。第1、3、5、8章執筆。国際マクロ経済学。

慶田　收（けいだ・おさむ）　　　　熊本学園大学経済学部教授
　第1、2章執筆。都市経済学、理論経済学。

坂上智哉（さかがみ・ともや）　　　　熊本学園大学経済学部教授
　第4、14章執筆。マクロ経済動学、ネットワーク経済学。

大山佳三（おおやま・けいぞう）　　　　熊本学園大学経済学部講師
　第6章、数学付録執筆。公共経済学。

金　栄緑（キム・ヨンロク）　　　　熊本学園大学経済学部教授
　第7章執筆。国際経済学。

熊谷啓希（くまがえ・けいき）　　　　熊本学園大学経済学部准教授
　第9、10章執筆。法と経済学。

米田耕士（よねだ・こうじ）　　　　熊本学園大学経済学部准教授
　編者。第11章執筆。労働経済学。

坂上　紳（さかうえ・しん）　　　　熊本学園大学経済学部准教授
　第12、15章執筆。環境経済学。

小葉武史（こば・たけし）　　　　熊本学園大学経済学部教授
　第13章執筆。マクロ経済政策。

●編著者紹介

笹山茂（ささやま・しげる）

1952年生まれ。慶応義塾大学大学院経済学研究科博士課程単位取得退学。現在、熊本学園大学経済学部教授。専攻：国際マクロ経済学。著書：『マッキントッシュで経済学』（日本評論社、1994年）、『いま、学問がおもしろい　サテライト講義［21講］』（共著、ミネルヴァ書房、2008年）、『グローバリゼーションと日本経済』（共著、文眞堂、2012年）など。

米田耕士（よねだ・こうじ）

1977年生まれ。名古屋大学大学院経済学研究科博士課程（後期課程）社会経済システム専攻修了。現在、熊本学園大学経済学部准教授。専攻：労働経済学。論文：Efficiency and the Quality of Management and Care: Evidence from Japanese Public Hospital, 共著, *Applied Economics Letters*, 26(17), 1418-1423, 2019. ほか。

トリアーデ経済学　1

けいざいがく
経済学ベーシック［第2版］
だいにはん

2014年4月15日　第1版第1刷発行
2021年4月15日　第2版第1刷発行

編著者───笹山茂・米田耕士
発行所───株式会社日本評論社
　　　　　〒170-8474　東京都豊島区南大塚3-12-4　電話　03-3987-8621（販売）、8595（編集）
　　　　　振替　00100-3-16
　　　　　https://www.nippyo.co.jp/
印　刷───精文堂印刷株式会社
製　本───株式会社難波製本
装　幀───林健造
検印省略 © S. Sasayama and K. Yoneda, 2021
Printed in Japan
ISBN978-4-535-54008-8

JCOPY　〈（社）出版者著作権管理機構　委託出版物〉

本書の無断複写は著作権法上での例外を除き禁じられています。複写される場合は、そのつど事前に、（社）出版者著作権管理機構（電話 03-5244-5088、FAX 03-5244-5089、e-mail: info@jcopy.or.jp）の許諾を得てください。また、本書を代行業者等の第三者に依頼してスキャニング等の行為によりデジタル化することは、個人の家庭内の利用であっても、一切認められておりません。